O bote de rapé
Antes da missa
Tu só, tu, puro amor...
Não consultes médico
Lição de botânica
Hoje avental, amanhã luva

Teatro
Volume 1

O bote de rapé
Antes da missa
Tu só, tu, puro amor...
Não consultes médico
Lição de botânica
Hoje avental, amanhã luva

MACHADO DE ASSIS

© Companhia Editora Nacional, 2004
© IBEP, 2012

Obra de domínio público

Presidente	Jorge A. M. Yunes
Diretor Superintendente	Jorge Yunes
Diretora de Projetos	Beatriz Yunes Guarita
Gerente de Produção Editorial	Celso Vicente Silva
Direção de Arte e Projeto Gráfico	Sabrina Lotfi Hollo
Assistente de Arte	João Batista de Macedo Júnior
Editoração Eletrônica e Revisão	Contemporânea AD
Pré-impressão	Equipe IBEP

CIP-BRASIL. CATALOGAÇÃO-NA-FONTE
SINDICATO NACIONAL DOS EDITORES DE LIVROS, RJ

A866t

Assis, Machado de, 1839-1908
 Teatro, 1 / Machado de Assis. - 1. ed. - São Paulo : IBEP, 2012.
 112 p. : 22 cm   (Clássicos da nossa língua)

ISBN 978-85-342-3502-0

1. Teatro brasileiro. I. Título. II. Série.

12-8224.   CDD: 869.92
                                                   CDU: 821.134.3(81)-2

08.11.12 14.11.12   040599

1ª edição – São Paulo – 2012
Todos os direitos reservados

Av. Alexandre Mackenzie, 619 – CEP 05322-000 – Jaguaré
São Paulo – SP – Brasil – Tels.: (11) 2799-7799
www.editoraibep.com.br – editoras@ibep-nacional.com.br

Sumário

O bote de rapé.. 7

Antes da missa.. 15

Tu só, tu, puro amor... 25

Não consultes médico....................................... 49

Lição de botânica... 71

Hoje avental, amanhã luva................................ 95

O bote de rapé
COMÉDIA EM SETE COLUNAS

PERSONAGENS

TOMÉ
ELISA, sua mulher
UM RELÓGIO NA PAREDE
O NARIZ DE TOMÉ
UM CAIXEIRO

Cena I

TOMÉ, ELISA (*entra vestida*)

TOMÉ — Vou mandar à cidade o Chico ou o José.

ELISA — Para...?

TOMÉ — Para comprar um bote de rapé.

ELISA — Vou eu.

TOMÉ — Tu?

ELISA — Sim. Preciso escolher a cambraia,
A renda, o gorgorão e os galões para a saia,
Cinco rosas da China em casa da Natté,
Um par de luvas, um *peignoir* e um *plissé*,
Ver o vestido azul, e um véu... Que mais? Mais nada.

TOMÉ (*rindo*) — Dize logo que vás buscar de uma assentada
Tudo quanto possui a Rua do Ouvidor.
Pois aceito, meu anjo, esse imenso favor.

ELISA — Nada mais? Um chapéu? Uma bengala? Um fraque?
Que te leve um recado ao Dr. Burlamaque?
Charutos? Algum livro? Aproveita, Tomé!

TOMÉ — Nada mais; só preciso o bote de rapé...

ELISA — Um bote de rapé! Tu bem sabes que a tua Elisa...

TOMÉ — Estou doente e não posso ir à rua.
Esta asma infernal que me persegue... Vês?
Melhor fora matá-la e morrer de uma vez,
Do que viver assim com tanta cataplasma.
E inda há pior do que isso! inda pior que a asma:
Tenho a caixa vazia.

ELISA (*rindo*) — Oh! se pudesse estar
Vazia para sempre, e acabar, acabar
Esse vício tão feio! Antes fumasse, antes.

| | Há vícios jarretões e vícios elegantes.
O charuto é bom tom, aromatiza, influi
Na digestão, e até dizem que restitui
A paz ao coração e dá risonho aspecto.

TOMÉ — O vício do rapé é vício circunspecto.
Indica desde logo um homem de razão;
Tem entrada no paço, e reina no salão
Governa a sacristia e penetra na igreja.
Uma boa pitada, as ideias areja;
Dissipa o mau humor. Quantas vezes estou
Capaz de pôr abaixo a casa toda! Vou
Ao meu santo rapé; abro a boceta, e tiro
Uma grossa pitada e sem demora a aspiro;
Com o lenço sacudo algum resto de pó
E ganho só com isso a mansidão de Jó.

ELISA — Não duvido.

TOMÉ — Inda mais: até o amor aumenta
Com a porção de pó que recebe uma venta.

ELISA — Talvez tenhas razão; acho-te mais amor
Agora; mais ternura; acho-te...

TOMÉ — Minha flor,
Se queres ver-me terno e amoroso contigo,
Se queres reviver aquele amor antigo.
Vai depressa.

ELISA — Onde é?

TOMÉ — Em casa do Real;
Dize-lhe que me mande a marca habitual.

ELISA — Paulo Cordeiro, não?

TOMÉ — Paulo Cordeiro.

ELISA — Queres,
Para acalmar a tosse uma ou duas colheres
Do xarope?

TOMÉ — Verei.

ELISA — Até logo, Tomé.

TOMÉ — Não te esqueças.

ELISA — Já sei: um bote de rapé. (*sai*)

O boté de rapé

Cena II

TOMÉ, *depois o seu* NARIZ

TOMÉ — Que zelo! Que lidar! Que correr! Que ir e vir!
Quase, quase lhe falta o tempo de dormir.
Verdade é que o sarau com que o Dr. Coutinho
Quer festejar domingo os anos do padrinho,
É de *primo-cartello*, é um sarau de truz.
Vai o Guedes, o Paca, o Rubirão, o Cruz,
A viúva do Silva, a família do Mata,
Um banqueiro, um barão, creio que um diplomata.
Dizem que há de gastar quatro contos de réis.
Não duvido; uma ceia, os bolos, os pastéis,
Gelados, chá... A coisa há de custar-lhe caro.
O mau é que eu também desde já me preparo
A despender com isto algum cobrinho... O quê?
Quem me fala?

O NARIZ — Sou eu; peço a vossa mercê
Me console, inserindo um pouco de tabaco.
Há três horas jejuo, e já me sinto fraco,
Nervoso, impertinente, estúpido –, nariz,
Em suma.

TOMÉ — Um infeliz consola outro infeliz;
Também eu tenho a bola um pouco transtornada,
E gemo, como tu, à espera da pitada.

O NARIZ — O nariz sem rapé é alma sem amor.

TOMÉ — Olha podes cheirar esta pequena flor.

O NARIZ — Flores; nunca! jamais! Dizem que há pelo mundo
Quem goste de cheirar esse produto imundo.
Um nariz que se preza odeia aromas tais.
Outros os gozos são das cavernas nasais.
Quem primeiro aspirou aquele pó divino,
Deixas as rosas e o mais às ventas do menino.

TOMÉ (*consigo*) — Acho neste nariz bastante elevação,
Dignidade, critério, empenho e reflexão.
Respeita-se; não desce a farejar essências,
Águas de toucador e outras minudências.

O NARIZ – Vamos, uma pitada!
           Um instante, infeliz!
                (à parte)
           Vou dormir para ver se aquieto o nariz.
                (dorme algum tempo e acorda)
           Safa! Que sonho; ah! Que horas são!

O RELÓGIO (batendo) – Uma, duas.

TOMÉ   – Duas! E a minha Elisa a andar por essas ruas.
           Coitada! E este calor que talvez nos dará
           Uma amostra do que é o pobre Ceará.
           Esqueceu-me dizer tomasse uma caleça.
           Que diacho! Também saiu com tanta pressa!
           Pareceu-me, não sei; é ela, é ela, sim...
           Este passo apressado... És tu, Elisa?

Cena III

TOMÉ, ELISA, UM CAIXEIRO (com uma caixa)

ELISA   – Enfim!
           Entre cá; ponha aqui toda essa trapalhada.
           Pode ir.
                (sai o caixeiro)
           Como passaste?

TOMÉ   – Assim; a asma danada
           Um pouco sossegou depois que dormitei.

ELISA   – Vamos agora ver tudo quanto comprei.

TOMÉ   – Mas primeiro descansa. Olha o vento nas costas.
           Vamos para acolá.

ELISA   – Cuidei voltar em postas.
           Ou torrada.

TOMÉ   – Hoje o sol parece estar cruel.
           Vejamos o que vem aqui neste papel.

ELISA   – Cuidado! é o chapéu. Achas bom?

TOMÉ   – Excelente.
           Põe lá.

ELISA (põe o chapéu) – Deve cair um pouco para a frente.
           Fica bem?

TOMÉ — Nunca vi um chapéu mais taful.

ELISA — Acho muito engraçada esta florzinha azul.
Vê agora a cambraia, é de linho; fazenda
Superior. Comprei oito metros de renda,
Da melhor que se pode, em qualquer parte, achar.
Em casa de Creten comprei um *peignoir*.

TOMÉ (*impaciente*) — Em casa da Natté...

ELISA — Cinco rosas da China.
Uma, três, cinco. São bonitas?

TOMÉ — Papa-fina.

ELISA — Comprei luvas *couleur tilleul*, *creme*, *marrom*;
Dez botões para cima; é o número do tom
Olhe este gorgorão; que fio! que tecido!
Não sei se me dará a saia do vestido.

TOMÉ — Dá.

ELISA — Comprei os galões, um *fichu*, e este véu.
Comprei mais o *plissé* e mais este chapéu.

TOMÉ — Já mostraste o chapéu.

ELISA — Fui também ao Godinho,
Ver as meias de seda e um vestido de linho.
Um não, dois, foram dois.

TOMÉ — Mais dois vestidos?

ELISA — Dois...
Comprei lá este leque e estes grampos. Depois,
Para não demorar, corri do mesmo lance,
A provar o vestido em casa da Clemence.
Ah! Se pudesse ver como me fica bem!
O corpo é uma luva. Imagina que tem...

TOMÉ — Imagino, imagino. Olha, tu pões-me tonto
Só com a descrição; prefiro vê-lo pronto.
Esbelta, como és, hei de achá-lo melhor
No teu corpo.

ELISA — Verás, verás que é um primor.
Oh! a Clemence! aquilo é a primeira artista!

TOMÉ — Não passaste também por casa do dentista?

ELISA — Passei; vi lá a Amália, a Clotilde, o Rangel,
A Marocas, que vai casar com o bacharel
Albernaz...

TOMÉ   – Albernaz?

ELISA   – Aquele que trabalha
Com o Gomes. Trazia um vestido de palha...

TOMÉ   – De palha?

ELISA   – Cor de palha, e um *fichu* de filó,
Luvas cor de pinhão, e a cauda atada a um nó
De cordão; o chapéu tinha uma flor cinzenta,
E tudo não custou mais de cento e cinquenta.
Conversamos do baile; a Amália diz que o pai
Brigou com o Dr. Coutinho e lá não vai.
A Clotilde já tem a *toilette* acabada.
Oitocentos mil-réis.

O NARIZ *(baixo a Tomé)* – Senhor, uma pitada!

TOMÉ *(com intenção, olhando para a caixa)* – Mas ainda tens aí uns pacotes...

ELISA   – Sabão;
Estes dois são de alface e estes de alcatrão.
Agora vou mostrar-te um lindo chapelinho
De sol; era o melhor da casa do Godinho.

TOMÉ *(depois de examinar)* – Bem.

ELISA   – Senti, já no bonde, um incômodo atroz.

TOMÉ *(aterrado)* – Que foi?

ELISA   – Tinha esquecido as botas no Queirós.
Desci; fui logo à pressa e trouxe estes dois pares;
São iguais aos que usa a Chica Valadares.

TOMÉ *(recapitulando)* – Flores, um *peignoir*, botinas, renda e véu.
Luvas e gorgorão, *fichu*, *plissé*, chapéu,
Dois vestidos de linho, os galões para a saia,
Chapelinho de sol, dois metros de cambraia...
     (levando os dedos ao nariz)
Vamos agora ver a compra do Tomé.

ELISA *(com um grito)* – Ai Jesus! esqueceu-me o bote de rapé!

FIM DE "O BOTE DE RAPÉ"

Antes da missa
CONVERSA DE DUAS DAMAS

PERSONAGENS

D. LAURA

D. BEATRIZ

(D. Laura entra com um livro de missa na mão; D. Beatriz vem recebê-la)

D. BEATRIZ – Ora esta! Pois tu, que és a mãe da preguiça,
Já tão cedo na rua! Onde vais?

D. LAURA – Vou à missa;
A das onze, na Cruz. Pouco passa das dez;
Subi para puxar-te as orelhas. Tu és
A maior caloteira...

D. BEATRIZ – Espera; não acabes,
O teu baile, não é? Que queres tu? Bem sabes
Que o senhor meu marido, em teimando, acabou.
"Leva o vestido azul" – "Não levo" –
["Hás de ir" – "Não vou".
Vou, não vou; e a teimar deste modo, perdemos
Duas horas. Chorei! Que eu, em certos extremos,
Fico que não sei mais o que fazer de mim.
Chorei de raiva. Às dez, veio o tio Delfim;
Pregou-nos um sermão dos tais que ele costuma,
Ralhou muito, falou, falou, falou... Em suma,
(Terás tido também essas coisas por lá)
O arrufo terminou entre o biscoito e o chá.

D. LAURA – Mas a culpa foi tua.

D. BEATRIZ – Essa agora!

D. LAURA – O vestido
Azul... É o azul-claro? aquele guarnecido
De franjas largas?

D. BEATRIZ – Esse.

D. LAURA – Acho um vestido bom.

D. BEATRIZ – Bom! Parece-te então que era muito do tom
Ir com ele, num mês, a dois bailes?

D. LAURA – Lá isso
É verdade.

D. BEATRIZ – Levei-o ao baile do Chamisso.

D. LAURA – Tens razão; na verdade, um vestido não é
Uma opa, uma farda, um carro, uma libré.

D. BEATRIZ – Que dúvida!

D. LAURA – Perdeste uma festa excelente.

D. BEATRIZ – Já me disseram isso.

D. LAURA – Havia muita gente.
Muita moça bonita e muita animação.

D. BEATRIZ – Que pena! Anda, senta-te um bocadinho.

D. LAURA – Não;
Vou à missa.

D. BEATRIZ – Inda é cedo; anda contar-me a festa.
Para mim, que não fui, cabe-me ao menos esta
Consolação.

D. LAURA (*indo sentar-se*) – Meu Deus! faz calor!

D. BEATRIZ – Dá cá
O livro.

D. LAURA – Para quê? Ponho-o aqui no sofá.

D. BEATRIZ – Deixa ver. Tão bonito! E tão mimoso! Gosto
De um livro assim; o teu é muito lindo; aposto
Que custou alguns cem...

D. LAURA – Foi comprado em Paris;
Cinquenta francos.

D. BEATRIZ – Sim? Barato. És mais feliz
Do que eu. Mandei vir um, há tempos, de Bruxelas;
Custou caro, e trazia as folhas amarelas,
Umas letras sem graça, e uma tinta sem cor.

D. LAURA — Ah! Mas eu tenho ainda o meu fornecedor.
Ele é que me arranjou este chapéu. Sapatos,
Não me lembra de os ter tão bons e tão baratos.
E o vestido do baile? Um lindo gorgorão
Gris-perle; era o melhor que lá estava.

D. BEATRIZ — Então,
Acabou tarde?

D. LAURA — Sim; à uma, foi a ceia;
E a dança terminou depois de três e meia.
Uma festa de truz. O Chico Valadão,
Já se sabe, foi quem regeu o cotilhão.

D. BEATRIZ — Apesar da Carmela?

D. LAURA — Apesar da Carmela.

D. BEATRIZ — Esteve lá?

D. LAURA — Esteve; e digo: era a mais bela
Das solteiras. Vestir, não se soube vestir;
Tinha o corpinho curto, e malfeito, a sair
Pelo pescoço fora.

D. BEATRIZ — A Clara foi?

D. LAURA — Que Clara?

D. BEATRIZ — Vasconcelos.

D. LAURA — Não foi; a casa é muito cara.
E a despesa é enorme. Em compensação, foi
A sobrinha, a Garcez; essa (Deus me perdoe!)
Levava no pescoço umas pedras taludas,
Uns brilhantes...

D. BEATRIZ — Que tais?

D. LAURA — Oh! falsos como Judas!
Também, pelo que ganha o marido, não há
Que admirar. Lá esteve a Gertrudinha Sá;
Essa não era assim; tinha joias de preço.
Ninguém foi com melhor e mais rico adereço.
Compra sempre fiado. Oh! aquela é a flor
Das viúvas.

D. BEATRIZ – Ouvi dizer que há um doutor...

D. LAURA – Que doutor?

D. BEATRIZ – Um Dr. Soares que suspira,
Ou suspirou por ela.

D. LAURA – Ora esse é um gira
Que pretende casar com quanta moça vê.
A Gertrudes! Aquela é fina como quê.
Não diz que sim, nem não; e o pobre do Soares,
Todo cheio de si, creio que bebe os ares
Por ela... Mas há outro.

D. BEATRIZ – Outro?

D. LAURA – Isto fica aqui;
Há coisas que eu só digo e só confio a ti.
Não me quero meter em negócios estranhos.
Dizem que há um rapaz, que quando esteve a banhos
No Flamengo, há um mês, ou dois meses, ou três,
Não sei bem; um rapaz... Ora, o Juca Valdez!

D. BEATRIZ – O Valdez.

D. LAURA – Junto dela, às vezes, conversava
A respeito do mar que ali espreguiçava,
E não sei se também a respeito do sol;
Não foi preciso mais; entrou logo no rol
Dos fiéis e ganhou (dizem), em poucos dias,
O primeiro lugar.

D. BEATRIZ – E casam-se?

D. LAURA – A Farias
Diz que sim; diz até que eles se casarão
Na véspera de Santo Antônio ou São João.

D. BEATRIZ – A Farias foi lá à tua casa?

D. LAURA – Foi;
Valsou como um pião e comeu como um boi.

D. BEATRIZ – Come muito, então?

Antes da missa

D. LAURA — Muito, enormemente; come
　　　　　Que só vê-la comer, tira aos outros a fome.
　　　　　Sentou-se ao pé de mim. Olha, imagina tu
　　　　　Que varreu, num minuto, um prato de peru,
　　　　　Quatro *croquettes*, dois pastéis de ostras, fiambre;
　　　　　O cônsul espanhol dizia: "Ah, Dios, que hambre!"
　　　　　Mal me pude conter. A Carmosina Vaz,
　　　　　Que a detesta, contou o dito a um rapaz.
　　　　　Imagina se foi repetido; imagina!

D. BEATRIZ — Não aprovo o que fez a outra.

D. LAURA — A Carmosina?

D. BEATRIZ — A Carmosina. Foi leviana; andou mal.
　　　　　Lá porque ela não come ou só come o ideal...

D. LAURA — O ideal são talvez os olhos do Antonico?

D. BEATRIZ — Má língua!

D. LAURA (*erguendo-se*) — Adeus!

D. BEATRIZ — Já vais?

D. LAURA — Vou já.

D. BEATRIZ — Fica!

D. LAURA — Não fico.
　　　　　Nem um minuto mais. São dez e meia.

D. BEATRIZ — Vens
　　　　　Almoçar?

D. LAURA — Almocei.

D. BEATRIZ — Vira-te um pouco; tens
　　　　　Um vestido chibante!

D. LAURA — Assim, assim. Lá ia
　　　　　Deixando o livro. Adeus! Agora até um dia.
　　　　　Até logo; valeu? Vai lá hoje; hás de achar
　　　　　Alguma gente. Vai o Mateus Aguiar.
　　　　　Sabes que perdeu tudo? O pelintra do sogro
　　　　　Meteu-o no negócio e pespegou-lhe um logro.

D. BEATRIZ – Perdeu tudo?

D. LAURA – Não tudo; há umas casas, seis,
Que ele pôs, por cautela, a coberto das leis.

D. BEATRIZ – Em nome da mulher, naturalmente?

D. LAURA – Boas!
Em nome de um compadre; e inda há certas pessoas
Que dizem, mas não sei, que esse logro fatal
Foi tramado entre o sogro e o genro; é natural.
Além do mais, o genro é de matar com tédio.

D. BEATRIZ – Não devias abrir-lhe a porta.

D. LAURA – Que remédio!
Eu gosto da mulher; não tem mau coração;
Um pouco tola... Enfim, é nossa obrigação
Aturarmo-nos uns aos outros.

D. BEATRIZ – O Mesquita
Brigou com a mulher?

D. LAURA – Dizem que se desquita.

D. BEATRIZ – Sim?

D. LAURA – Parece que sim.

D. BEATRIZ – Por que razão?

D. LAURA (*vendo o relógio*) – Jesus!
Um quarto para as onze! Adeus! Vou para a Cruz.
(*vai a sair e para*)
Cuido que ela queria ir à Europa; ele disse
Que antes de um ano mais, ou dois, era tolice.
Teimaram, e parece (ouviu-o o Nicolau),
Que o Mesquita passou da língua para o pau,
E lhe fez um discurso hiperbólico e cheio
De imagens. A verdade é que ela tem no seio
Um sinal roxo; enfim vão desquitar-se.

D. BEATRIZ – Vão
Desquitar-se!

D. LAURA — Parece até que a petição
Foi levada a juízo. Há de ser despachada
Amanhã; disse-o hoje a Luisinha Almada,
Que eu, por mim, nada sei. Ah! feliz, tu, feliz,
Como os anjos do céu! tu sim, minha Beatriz!
Brigas por um vestido azul; mas chega o urso
Do teu tio, desfaz o mal com um discurso,
E restaura o amor com dois goles de chá!

D. BEATRIZ (*rindo*) — Tu nem isso!

D. LAURA — Eu cá sei.

D. BEATRIZ — Teu marido?

D. LAURA — Não há
Melhor na terra; mas...

D. BEATRIZ — Mas?...

D. LAURA — Os nossos maridos!
São, em geral, não sei... uns tais aborrecidos!
O teu, que tal?

D. BEATRIZ — É bom.

D. LAURA — Ama-te?

D. BEATRIZ — Ama-me.

D. LAURA — Tem
Carinhos por ti?

D. BEATRIZ — Decerto.

D. LAURA — O meu também
Acarinha-me; é terno; inda estamos na lua
De mel. O teu costuma andar tarde na rua?

D. BEATRIZ — Não.

D. LAURA — Não costuma ir ao teatro?

D. BEATRIZ — Não vai.

D. LAURA — Não sai para ir jogar o voltarete?

D. BEATRIZ — Sai
Raras vezes.

D. LAURA — Tal qual o meu. Felizes ambas!
Duas cordas que vão unidas às caçambas.
Pois olha, eu suspeitava, eu tremia de crer
Que houvesse entre vocês qualquer coisa... Há de
[haver.
Lá um arrufo, um dito, alguma coisa e... Nada?
Nada mais? É assim que a vida de casada
Bem se pode dizer que é a vida do céu.
Olha, arranja-me aqui as fitas do chapéu.
Então? Espero-te hoje? Está dito?

D. BEATRIZ — Está dito.

D. LAURA — De caminho verás um vestido bonito:
Veio-me de Paris; chegou pelo *Poitou*.
Vai cedo. Pode ser que haja música. Tu
Hás de cantar comigo, ouviste?

D. BEATRIZ — Ouvi.

D. LAURA — Vai cedo.
Tenho medo que vá a Claudina Azevedo,
E terei de aturar-lhe os mil achaques seus.
Quase onze, Beatriz! Vou ver a Deus. Adeus!

FIM DE "ANTES DA MISSA"

Tu só, tu, puro amor...
COMÉDIA

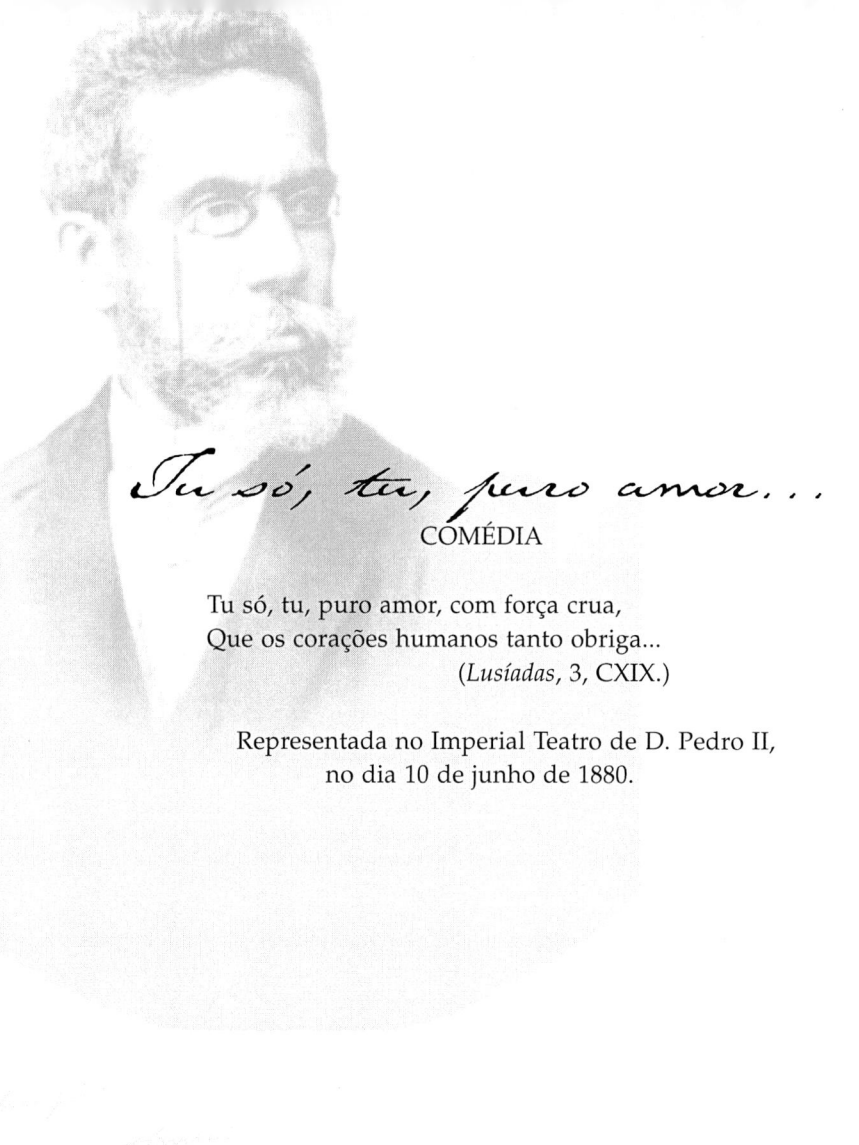

Tu só, tu, puro amor, com força crua,
Que os corações humanos tanto obriga...
(*Lusíadas*, 3, CXIX.)

Representada no Imperial Teatro de D. Pedro II,
no dia 10 de junho de 1880.

PERSONAGENS

CAMÕES
D. MANUEL DE PORTUGAL
D. ANTÔNIO DE LIMA
CAMINHA
D. CATARINA DE ATAÍDE
D. FRANCISCA DE ARAGÃO

O desfecho dos amores palacianos de Camões e de D. Catarina de Ataíde é o objeto da comédia, desfecho que deu lugar à subsequente aventura de África, e mais tarde à partida para a Índia, donde o poeta devia regressar um dia com a imortalidade nas mãos. Não pretendi fazer um quadro da corte de D. João III, nem sei se o permitiam as proporções mínimas do escrito e a urgência da ocasião. Busquei, sim, haver-me de maneira que o poeta fosse contemporâneo de seus amores, não lhe dando feições épicas, e, por assim dizer, póstumas.

Na primeira impressão escrevi uma nota, que reproduzi na segunda, acrescentando-lhe alguma coisa explicativa. Como na cena primeira se trata da anedota que motivou o epigrama de Camões ao duque de Aveiro, disse eu ali que, posto se lhe não possa fixar data, usara desta por me parecer um curioso rasgo de costumes. E aduzi: "Engana-se, creio eu, o Sr. Teófilo Braga, quando afirma que ela só podia ter ocorrido depois do regresso de Camões a Lisboa, alegando, para fundamentar essa opinião, que o título de duque de Aveiro foi criado em 1557. Digo que se engana o ilustre escritor, porque eu encontro o duque de Aveiro cinco anos antes, em 1552, indo receber, na qualidade de embaixador, a princesa D. Joana, noiva do príncipe D. João (veja *Mem. e Doc., anexos aos Anais de D. João III*, pp. 440 e 441); e, se Camões só em 1553 partiu para a Índia, não é impossível que o epigrama e o caso que lhe deu origem fossem anteriores".

Temos ambos razão, o Sr. Teófilo Braga e eu. Com efeito, o ducado de Aveiro só foi criado formalmente em 1557, mas o agraciado usava o título desde muito antes, por mercê de D. João III; é o que confirma a própria carta régia de 30 de agosto daquele ano, textualmente inserta na Hist. Geneal. de D. Antônio Caetano de Sousa, que cita em abono da asserção o testemunho de Andrade, na Crônica Del-Rei D. João III. Naquela mesma obra se lê (liv. IV, cap. V) que em 1551, na transladação dos ossos del-rei D. Manuel estivera presente o duque de Aveiro. Não é, pois, impossível que a anedota ocorresse antes da primeira ausência de Camões.

Machado de Assis

Sala no paço

Cena I

CAMINHA, D. MANUEL DE PORTUGAL

(*Caminha vem do fundo, à esquerda; vai a entrar pela porta da direita, quando lhe sai D. Manuel de Portugal, a rir.*)

CAMINHA – Alegre vindes, senhor D. Manuel de Portugal. Disse-vos El-rei alguma coisa graciosa, decerto...

D. MANUEL – Não; não foi El-rei. Adivinhai o que seria, se é que o não sabeis já.

CAMINHA – Que foi?

D. MANUEL – Sabeis o caso da galinha do duque de Aveiro?

CAMINHA – Não.

D. MANUEL – Não sabeis? – Pois é isto; uns versos mui galantes do nosso Camões. (*Caminha estremece e faz um gesto de má vontade*) Uns versos como ele os sabe fazer. (*à parte*) Dói-lhe a notícia. (*alto*) Mas, deveras, não sabeis do encontro de Camões com o duque de Aveiro?

CAMINHA – Não.

D. MANUEL – Foi o próprio duque que mo contou agora mesmo, ao vir de estar com El-rei...

CAMINHA – Que houve então?

D. MANUEL – Eu vo-lo digo; achavam-se ontem, na igreja do Amparo, o duque e o poeta...

CAMINHA (*com enfado*) – O poeta! o poeta! Não é mais que engenhar aí uns pecos versos, para ser logo poeta! Desperdiçais o vosso entusiasmo, senhor D. Manuel. Poeta é o nosso Sá, o meu grande Sá! Mas, esse arruador, esse brigão de horas mortas...

D. MANUEL – Parece-vos então?...

CAMINHA – Que esse moço tem algum engenho, muito menos do que lhe diz a presunção dele e a cegueira dos amigos; algum engenho não lhe nego eu. Faz sonetos sofríveis. E canções... digo-vos que li uma ou duas, não de todo mal alinhavadas. Pois então? Com boa vontade, mais esforço, menos soberba, gastando as noites, não a folgar pelas locandas de Lisboa, mas a meditar os poetas italianos, digo-vos que pode vir a ser...

D. MANUEL – Acabai.

CAMINHA – Está acabado: um poeta sofrível.

D. MANUEL – Deveras? Lembra-me que já isso mesmo lhe negastes.

CAMINHA (*sorrindo*) – No meu epigrama, não? E nego-lho ainda agora, se não fizer o que vos digo. Pareceu-vos gracioso o epigrama? Fi-lo por desenfado, não por ódio... Dizei, que tal vos pareceu ele?

D. MANUEL – Injusto, mas gracioso.

CAMINHA – Sim? Tenho em mui boa conta o vosso parecer. Algum tempo supus que me desdenháveis. Não era impossível que assim fosse. Intrigas da corte dão azo a muita injustiça; mas principalmente acreditei que fossem artes desse rixoso... Juro-vos que ele me tem ódio.

D. MANUEL – O Camões?

CAMINHA – Tem, tem...

D. MANUEL – Por quê?

CAMINHA – Não sei, mas tem. Adeus.

D. MANUEL – Ide-vos?

CAMINHA – Vou a El-rei, e depois ao meu senhor infante. (*corteja-o e dirige-se para a porta da direita. D. Manuel dirige-se para o fundo*)

D. MANUEL (*andando*) –

> Eu já vi a taverneiro
> Vender vaca por carneiro...

CAMINHA (*volta-se*) – Recitai versos?... São vossos?... Não me negueis o gosto de vos ouvir.

D. MANUEL – Meus não; são de Camões... (*repete-os descendo a cena*)

> Eu já vi a taverneiro
> Vender vaca por carneiro...

CAMINHA (*sarcástico*) – De Camões?... Galantes são. Nem Virgílio os faria melhores. Ora, fazei o favor de repetir comigo:

> Eu já vi a taverneiro
> Vender vaca por carneiro...

E depois? Vá, dizei-me o resto, que não quero perder iguaria de tão fino sabor.

D. MANUEL – O duque de Aveiro e o poeta encontraram-se ontem na igreja do Amparo. O duque prometeu ao poeta mandar-lhe uma galinha da sua mesa; mas só lhe mandou um assado. Camões retorquiu-lhe com estes versos, que o próprio duque me mostrou agora, a rir:

> Eu já vi a taverneiro,
> Vender vaca por carneiro;
> Mas não vi, por vida minha,
> Vender vaca por galinha,
> Senão ao duque de Aveiro.

Confessai, confessai, Sr. Caminha, vós que sois poeta, confessai que há aí certo pico, e uma simpleza de dizer... Não vale tanto decerto como os sonetos dele, alguns dos quais são sublimes, aquele, por exemplo:

> De amor escrevo, de amor trato e vivo...

ou este:

> Tanto do meu estado me acho incerto...

Sabeis a continuação?

CAMINHA – Até lhe sei o fim:

> Se me pergunta alguém por que assim ando
> Respondo que não sei, porém suspeito
> Que só porque vos vi, minha senhora.

(*fitando-lhe muito os olhos*) Esta senhora... Sabeis vós, decerto, quem é esta senhora do poeta como eu o sei, como o sabem todos... Naturalmente amam-se ainda muito?...

D. MANUEL (*à parte*) – Que quererá ele?

CAMINHA – Amam-se por força.

D. MANUEL – Cuido que não.

CAMINHA – Que não?

D. MANUEL – Acabou como tudo acaba.

CAMINHA (*sorrindo*) – Andai lá; não sei se me dizeis tudo. Amigos sois, e não é impossível que também vós... Onde está a nossa gentil senhora D. Francisca de Aragão?

D. MANUEL – Que tem?

CAMINHA – Vede: um simples nome vos faz estremecer de cólera. Mas, abrandai a cólera, que não sou vosso inimigo; mui ao contrário; amo-vos, e a ela também... e respeito-a muito. Um para o outro nascestes. Mas, adeus, faz-se tarde, vou ter com El-rei. (*sai pela direita*)

Cena II
D. MANUEL DE PORTUGAL

Este homem! Este homem!... Como se os versos dele, duros e insossos... (*vai à porta por onde Caminha saiu, e levanta o reposteiro*) Lá vai ele; vai cabisbaixo; rumina talvez alguma coisa. Que não sejam versos! (*ao fundo aparecem D. Antônio de Lima e D. Catarina de Ataíde*)

Cena III
D. MANUEL DE PORTUGAL, D. CATARINA DE ATAÍDE, D. ANTÔNIO DE LIMA

D. ANTÔNIO – Que espreitais aí, senhor D. Manuel?

D. MANUEL – Estava a ver o porte elegante do nosso Caminha. Não vades supor que era alguma dama. (*levanta o reposteiro*) Olhai, lá vai ele a desaparecer. Vai a El-rei.

D. ANTÔNIO – Também eu. Tu, não, minha boa Catarina. A rainha espera-vos. (*D. Catarina faz uma reverência e caminha para a porta da esquerda*) Ide, ide, minha gentil flor... (*a D. Manuel*) Gentil não a achais?

D. MANUEL – Gentilíssima.

D. ANTÔNIO – Agradecei, Catarina.

D. CATARINA – Agradeço; mas o certo é que o senhor D. Manuel é rico de louvores...

D. MANUEL – Eu podia dizer que a natureza é que foi convosco pródiga de graças; mas, não digo; seria repetir mal aquilo que só poetas podem dizer bem. (*D. Antônio fecha o rosto*) Dizem que também sou poeta, é verdade; não sei; faço versos. Adeus, senhor D. Antônio... (*corteja-os e sai. D. Catarina vai a entrar, à esquerda. D. Antônio detém-na*)

Tu só, tu, puro amor...

Cena IV

D. ANTÔNIO DE LIMA, D. CATARINA DE ATAÍDE

D. ANTÔNIO – Ouviste aquilo?

D. CATARINA (*parando*) – Aquilo?

D. ANTÔNIO – "Que só poetas podem dizer bem" foram as palavras dele. (*D. Catarina aproxima-se*) Vês tu, filha? Tão divulgadas andam já essas coisas, que até se dizem nas barbas de teu pai!

D. CATARINA – Senhor, um gracejo...

D. ANTÔNIO (*enfadando-se*) – Um gracejo injurioso, que eu não consinto, que não quero, que me dói... "Que só poetas podem dizer bem!" E que poeta! Pergunta ao nosso Caminha o que é esse atrevido, o que vale a sua poesia... Mas, que seja outra e melhor, não a quero para mim, nem para ti. Não te criei para entregar-te às mãos do primeiro que passa, e lhe dá na cabeça haver-te.

D. CATARINA (*procurando moderá-lo*) – Meu pai...

D. ANTÔNIO – Teu pai, e teu senhor!

D. CATARINA – Meu senhor e pai... juro-vos que... juro-vos que vos quero e muito... Por quem sois, não vos irriteis contra mim!

D. ANTÔNIO – Jura que me obedecerás.

D. CATARINA – Não é essa a minha obrigação?

D. ANTÔNIO – Obrigação é, e a mais grave de todas. Olha-me bem, filha; eu amo-te como pai que sou. Agora, anda, vai.

Cena V

D. ANTÔNIO DE LIMA, D. CATARINA DE ATAÍDE,
D. FRANCISCA DE ARAGÃO

D. ANTÔNIO – Mas não, não vás sem falar à senhora D. Francisca de Aragão, que aí nos aparece, fresca como a rosa que desabotoou agora mesmo, ou como dizia a farsa do nosso Gil Vicente, que eu ouvi há tantos anos, por tempo do nosso sereníssimo senhor D. Manuel... Velho estou, minha formosa dama...

D. FRANCISCA – E que dizia a farsa?

D. ANTÔNIO – A farsa dizia:

> É bonita como estrela,
> Uma rosinha de abril,
> Uma frescura de maio,
> Tão manhosa, tão sutil!

Vede que a farsa adivinhava já a nossa D. Francisca de Aragão, uma frescura de maio, tão manhosa, tão sutil...

D. FRANCISCA – Manhosa, eu?

D. ANTÔNIO – E sutil. Não vos esqueça a rima, que é de lei. (*vai a sair pela porta da direita; aparece Camões*)

Cena VI

Os mesmos, CAMÕES

D. CATARINA (*à parte*) – Ele!

D. FRANCISCA (*baixo a D. Catarina*) – Sossegai!

D. ANTÔNIO – Vinde cá, senhor poeta das galinhas. Já me chegou aos ouvidos o vosso lindo epigrama. Lindo, sim; e estou que não vos custaria mais tempo a fazê-lo do que eu a dizer-vos que me divertiu muito... E o duque? O duque, ainda não emendou a mão? Há de emendar, que não é nenhum mesquinho.

CAMÕES (*alegremente*) – Pois El-rei deseja o contrário...

D. ANTÔNIO – Ah! Sua Alteza falou-vos disso?... Contar-mo-eis em tempo. (*a D. Catarina, com intenção*) Minha filha e senhora, não ides ter com a rainha? Eu vou falar a El-rei. (*D. Catarina corteja-os e dirige-se para a esquerda; D. Antônio sai pela direita*)

Cena VII

Os mesmos, menos D. ANTÔNIO DE LIMA

(*D. Catarina quer sair, D. Francisca de Aragão detém-na*)

D. FRANCISCA – Ficai, ficai...

D. CATARINA – Deixai-me ir!

CAMÕES – Fugis de mim?

D. CATARINA – Fujo... Assim o querem todos.

Tu só, tu, puro amor...

CAMÕES – Todos! todos quem?

D. FRANCISCA (*indo a Camões*) – Sossegai. Tendes, na verdade, um gênio, uns espíritos... Que há de ser? Corre a mais e mais a notícia dos vossos amores... e o Senhor D. Antônio, que é pai, e pai severo...

CAMÕES (*vivamente, a D. Catarina*) – Ameaça-vos?

D. CATARINA – Não; dá-me conselhos... bons conselhos, meu Luís. Não vos quer mal, não quer... Vamos lá; eu é que sou desatinada. Mas, passou. Dizei-nos lá esses versos de que faláveis há pouco. Um epigrama, não é? Há de ser tão bonito como os outros... menos um.

CAMÕES – Um?

D. CATARINA – Sim, o que fizestes a D. Guiomar de Blasfé.

CAMÕES (*com desdém*) – Que monta? Bem frouxos versos.

D. FRANCISCA – Não tanto; mas eram feitos a D. Guiomar, e os piores versos deste mundo são os que se fazem a outras damas. (*a D. Catarina*) Acertei? (*a Camões*) Ora, andai, vou deixar-vos; dizei o caso do vosso epigrama, não a mim, que já o sei de cor, porém a ela que ainda não sabe nada... E que foi que vos disse El-rei?

CAMÕES – El-rei viu-me, e dignou-se chamar-me; fitou-me um pouco a sua real vista, e disse com brandura: – "Tomara eu, senhor poeta, que todos os duques vos faltem com galinhas, porque assim nos alegrareis com versos tão chistosos."

D. FRANCISCA – Disse-vos isto? É um grande espírito El-rei!

D. CATARINA (*a D. Francisca*) – Não é? (*a Camões*) E vós que lhe dissestes?

CAMÕES – Eu? nada... ou quase nada. Era tão inopinado o louvor que me tomou a fala. E, contudo, se eu pudesse responder agora... agora que recobrei os espíritos... dir-lhe-ia que há aqui (*leva a mão à fronte*) alguma coisa mais do que simples versos de desenfado... dir-lhe-ia que... (*fica absorto um instante, depois olha alternadamente para as duas damas, entre as quais se acha*) Um sonho... Às vezes cuido conter cá dentro mais do que a minha vida e o meu século... Sonhos... sonhos! A realidade é que vós sois as duas mais lindas damas da cristandade, e que o amor é a alma do universo!

D. FRANCISCA – O amor e a espada, senhor brigão!

CAMÕES (*alegremente*) – Por que me não dais logo as alcunhas que me hão de ter posto os poltrões do Rocio? Vingam-se com isso, que é a desforra da poltroneria... Não sabeis? Naturalmente não; vós gastais as horas nos lavores e recreios do paço; mora aqui a doce paz de espírito...

D. CATARINA (*com intenção*) – Nem sempre.

D. FRANCISCA (*a Camões, sorrindo*) – Isso é convosco; e eu, que posso ser indiscreta, não me detenho a ouvir mais nada. (*dá alguns passos para o fundo*)

D. CATARINA – Vinde cá...

D. FRANCISCA – Vou-me... vou a consolar o nosso Caminha, que há de estar um pouco enfadado... Ouviu ele o que El-rei vos disse?

CAMÕES – Ouviu; que tem?

D. FRANCISCA – Não ouviria de boa sombra.

CAMÕES – Pode ser que não... dizem-me que não. (*a D. Catarina*) Pareceis inquieta...

D. CATARINA (*a D. Francisca*) – Não vades, não vades; ficai um instante.

CAMÕES (*a D. Francisca*) – Irei eu.

D. FRANCISCA – Não, senhor; irei eu só. (*sai pelo fundo*)

Cena VIII

CAMÕES, D. CATARINA DE ATAÍDE

CAMÕES (*com uma reverência*) – Irei eu. Adeus, minha senhora D. Catarina de Ataíde! (*D. Catarina dá um passo para ele*) Mantenha-vos Deus na sua santa guarda.

D. CATARINA – Não... vinde cá... (*Camões detém-se*) Enfadei-vos? Vinde um pouco mais perto. (*Camões aproxima-se*) Que vos fiz eu? Duvidais de mim?

CAMÕES – Cuido que me queríeis ausente.

D. CATARINA – Luís! (*inquieta*) Vede esta sala, estas paredes... falarmos a sós... Duvidais de mim?

CAMÕES – Não duvido de vós; não duvido da vossa ternura; da vossa firmeza é que eu duvido.

D. CATARINA – Receais que fraqueie algum dia?

CAMÕES – Receio; chorareis muitas lágrimas, muitas e amargas... mas, cuido que fraqueareis.

D. CATARINA – Luís! juro-vos...

Tu só, tu, puro amor...

CAMÕES – Perdoai, se vos ofende esta palavra. Ela é sincera; subiu-me do coração à boca. Não posso guardar a verdade; perder-me-ei algum dia por dizê-la sem rebuço. Assim me fez a natureza, assim irei à sepultura.

D. CATARINA – Não, não fraquearei, juro-vos. Amo-vos muito, bem o sabeis. Posso chegar a afrontar tudo, até a cólera de meu pai. Vede lá, estamos a sós; se nos vira alguém... (*Camões dá um passo para sair*) Não, vinde cá. Mas, se nos vira alguém, defronte um do outro, no meio de uma sala deserta, que pensaria? Não sei que pensaria; tinha medo há pouco; já não tenho medo... amor sim... O que eu tenho é amor, meu Luís.

CAMÕES – Minha boa Catarina.

D. CATARINA – Não me chameis boa, que eu não sei se o sou... Nem boa, nem má.

CAMÕES – Divina sois!

D. CATARINA – Não me deis nomes que são sacrilégios.

CAMÕES – Que outro vos cabe?

D. CATARINA – Nenhum.

CAMÕES – Nenhum? Simplesmente a minha doce e formosa senhora D. Catarina de Ataíde, uma ninfa do paço, que se lembrou de amar um triste escudeiro, sem reparar que seu pai a guarda para algum solar opulento, algum grande cargo de camareira-mor. Tudo isso havereis, enquanto que o coitado de Camões irá morrer em África ou Ásia...

D. CATARINA – Teimoso sois! Sempre essas ideias de África...

CAMÕES – Ou Ásia. Que tem isso? Digo-vos que, às vezes, a dormir, imagino lá estar, longe dos galanteios da corte, armado em guerra, diante do gentio. Imaginai agora...

D. CATARINA – Não imagino nada; vós sois meu, tão só meu, tão somente meu. Que me importa o gentio, ou o turco, ou que quer que é, que não sei, nem quero? Tinha que ver, se me deixáveis, para ir às vossas Áfricas... E os meus sonetos? Quem mos havia de fazer, meu rico poeta?

CAMÕES – Não faltará quem vo-los faça, e da maior perfeição.

D. CATARINA – Pode ser; mas eu quero-os ruins, como os vossos... como aquele da Circe, o meu retrato, dissestes vós.

CAMÕES (*recitando*) –

> Um mover de olhos, brando e piedoso,
> Sem ver de quê; um riso brando e honesto,
> Quase forçado; um doce e humilde gesto
> De qualquer alegria duvidoso...

D. CATARINA – Não acabeis, que me obrigaríeis a fugir de vexada.

CAMÕES – De vexada! Quando é que a rosa se vexou, porque o sol a beijou de longe?

D. CATARINA – Bem respondido, meu caro sol.

CAMÕES – Deixai-me repetir que sois divina. Natércia minha, pode a sorte separar-nos, ou a morte de um ou de outro; mas o amor subsiste, longe ou perto, na morte ou na vida, no mais baixo estado, ou no cimo das grandezas humanas, não é assim? Deixai-me crê-lo, ao menos; deixai-me crer que há um vínculo secreto e forte, que nem os homens, nem a própria natureza poderia já destruir. Deixai-me crer... Não me ouvis?

D. CATARINA (*enlevada*) – Ouço, ouço.

CAMÕES – Crer que a última palavra de vossos lábios será o meu nome. Será?... Tenha eu esta fé, e não se me dará da adversidade; sentir-me-ei afortunado e grande. Grande, ouvis bem? Maior que todos os demais homens.

D. CATARINA – Acabai!

CAMÕES – Que mais?

D. CATARINA – Não sei; mas é tão doce ouvir-vos! Acabai, acabai, meu poeta! Ou antes, não, não acabeis; falai sempre, deixai-me ficar perpetuamente a escutar-vos.

CAMÕES – Ai de nós! A perpetuidade é um simples instante, um instante em que nos deixam sós nesta sala! (*D. Catarina afasta-se rapidamente*) Olhai; só a ideia do perigo vos arredou de mim.

D. CATARINA – Na verdade, se nos vissem... Se alguém aí, por esses reposteiros... Adeus...

CAMÕES – Medrosa, eterna medrosa!

D. CATARINA – Pode ser que sim; mas não está isso mesmo no meu retrato?

> Um colhido ousar, uma brandura,
> Um medo sem ter culpa; um ar sereno,
> Um longo e obediente sofrimento...

CAMÕES –

> Esta foi a celeste formosura
> Da minha Circe, e o mágico veneno
> Que pôde transformar meu pensamento.

Tu só; tu, puro amor...

D. CATARINA (*indo a ele*) – Pois então? A vossa Circe manda-vos que não duvideis dela, que lhe perdoeis os medos, tão próprios do lugar e da condição; manda-vos crer e amar. Se ela às vezes foge, é porque a espreitam; se vos não responde, é porque outros ouvidos poderiam escutá-la. Entendeis? É o que vos manda dizer a vossa Circe, meu poeta... e agora... (*estende-lhe a mão*) Adeus!

CAMÕES – Ide-vos?

D. CATARINA – A rainha espera-me. Audazes fomos, Luís. Não desafiemos o paço... que esses reposteiros...

CAMÕES – Deixai-me ir ver!

D. CATARINA (*detendo-o*) – Não, não. Separemo-nos.

CAMÕES – Adeus! (*D. Catarina dirige-se para a porta da esquerda; Camões olha para a porta da direita*)

D. CATARINA – Andai, andai!

CAMÕES – Um instante ainda!

D. CATARINA – Imprudente! Por quem sois, ide-vos, meu Luís!

CAMÕES – A rainha espera-vos!

D. CATARINA – Espera.

CAMÕES – Tão raro é ver-vos!

D. CATARINA – Não afrontemos o céu... podem dar conosco...

CAMÕES – Que venham! Tomara eu que nos vissem! Bradaria a todos o meu amor, e à fé que o faria respeitar!

D. CATARINA (*aflita, pegando-lhe na mão*) – Reparai, meu Luís, reparai; onde estais, quem eu sou, o que são estas paredes... domai esse gênio arrebatado. Peço-vo-lo eu. Ide-vos em boa paz, sim?

CAMÕES – Viva a minha corça gentil, a minha tímida corça! Ora vos juro que me vou, e de corrida. Adeus!

D. CATARINA – Adeus!

CAMÕES (*com a mão dela presa*) – Adeus!

D. CATARINA – Ide... deixai-me ir!

CAMÕES – Hoje há luar; se virdes um embuçado diante das vossas janelas, quedado a olhar para cima, desconfiai que sou eu; e então, já não é o sol a beijar de longe uma rosa, é o goivo que pede calor a uma estrela.

D. CATARINA – Cautela, não vos reconheçam.

CAMÕES – Cautela haverei; mas que me reconheçam, que tem isso? Embargarei a palavra ao importuno.

D. CATARINA – Sossegai. Adeus!

CAMÕES – Adeus! (*D. Catarina dirige-se para a porta da esquerda, e para diante dela, à espera que Camões saia. Camões corteja-a com um gesto gracioso, e dirige-se para o fundo. – Levanta-se o reposteiro da porta da direita, e aparece Caminha. – D. Catarina dá um pequeno grito e sai precipitadamente. – Camões detém-se. Os dois homens olham-se por um instante*)

Cena IX

CAMÕES, CAMINHA

CAMINHA (*entrando*) – Discreteáveis com alguém, ao que parece...

CAMÕES – É verdade.

CAMINHA – Ouvi de longe a vossa fala, e reconheci-a. Vi logo que era o nosso poeta, de quem tratava há pouco com alguns fidalgos. Sois o bem-amado, entre os últimos de Coimbra. – Com quem discreteáveis... Com alguma dama?

CAMÕES – Com uma dama.

CAMINHA – Certamente formosa, que não as há de outra casta nestes reais paços. Sua Alteza, cuido que continuará, e ainda em bem, algumas boas tradições de El-rei seu pai. Damas formosas, e, quanto possível, letradas. São estes, dizem, os bons costumes italianos. E vós, senhor Camões, por que não ides à Itália?

CAMÕES – Irei à Itália, mas passando por África.

CAMINHA – Ah! ah! para lá deixar primeiro um braço, uma perna, ou um olho... Não, poupai os olhos, que são o feitiço dessas damas da corte; poupai também a mão, com que nos haveis de escrever tão lindos versos; isto vos digo que poupeis...

CAMÕES – Uma palavra, Sr. Pedro de Andrade, uma só palavra, mas sincera.

CAMINHA – Dizei.

CAMÕES – Dissimulais algum outro pensamento. Revelai-mo... intimo-vos que mo reveleis.

CAMINHA – Ide à Itália, Sr. Camões, ide à Itália.

Tu só, tu, puro amor...

CAMÕES – Não resistireis muito tempo ao que vos mando.

CAMINHA – Ou à África, se o quereis... ou à Babilónia... à Babilónia é melhor; levai a harpa ao desterro, mas em vez de a pendurar de um salgueiro, como na Escritura, cantar-nos-eis a linda copla da galinha, ou comporeis umas outras voltas ao mote, que já vos serviu tão bem!

    Perdigão perdeu a pena,
    Não há mal que lhe não venha.

Ide à Babilónia, Sr. Perdigão!

CAMÕES (*pegando-lhe no pulso*) – Por vida minha, calai-vos!

CAMINHA – Vede o lugar em que estais.

CAMÕES (*solta-o*) – Vejo; vejo também quem sois; só não vejo o que odiais em mim.

CAMINHA – Nada.

CAMÕES – Nada?

CAMINHA – Coisa nenhuma.

CAMÕES – Mentis pela gorja, senhor camareiro.

CAMINHA – Minto? Vede lá; ia-me deixando arrebatar, ia conspurcando com alguma vilania esta sala de El-rei. Retraí-me a tempo. Menti, dizeis vós? – Pode ser que sim, porque eu creio que efetivamente vos odeio, mas só há um instante, depois que me pagastes com uma injúria o aviso que vos dei.

CAMÕES – Um aviso?

CAMINHA – Nada menos. Queria eu dizer-vos que as paredes do paço nem são mudas, nem sempre são caladas.

CAMÕES – Não serão, mas eu as farei caladas.

CAMINHA – Pode ser. Essa dama era...

CAMÕES – Não reparei bem.

CAMINHA – Fizestes mal; é prudência reparar nas damas; prudência e cortesia. Com quê, ides à África? Lá estão os nossos em Mazagão, cometendo façanhas contra essa canalha de Mafamede; imitai-os. Vede, não deixeis lá esse braço, com que nos haveis de calar as paredes e os reposteiros. É conselho de amigo.

CAMÕES – Por que seríeis meu amigo?

CAMINHA – Não digo que o seja; o conselho é que o é.

CAMÕES – Credes, então...?

CAMINHA – Que poupareis uma grande dor e um maior escândalo.

CAMÕES – Percebo-vos. Imaginais que amo alguma dama? Suponhamos que sim. Qual é o meu delito? Em que ordenação, em que escrito, em que bula, em que escritura, divina ou humana, foi já dado como delito amarem-se duas criaturas?

CAMINHA – Deixai a corte.

CAMÕES – Digo-vos que não.

CAMINHA – Oxalá que não!

CAMÕES (*à parte*) – Este homem... que há neste homem? lealdade ou perfídia? (*alto*) Adeus, Sr. Caminha. (*para no meio da cena*) Por que não tratamos de versos?... Fora muito melhor...

CAMINHA – Adeus, Sr. Camões. (*Camões sai*)

Cena X

CAMINHA, *logo* D. CATARINA DE ATAÍDE

CAMINHA – Ide, ide, magro poeta de camarins... (*desce ao proscênio*) Era ela, decerto, era ela que aí estava com ele, no meio do paço, esquecidos de El-rei e de todos... Oh temeridade do amor! Do amor? ele... ele... Mas seria ela deveras?... Que outra podia ser?

D. CATARINA (*espreita e entra*) – Senhor... senhor!...

CAMINHA – Ela!

D. CATARINA – Ouvi tudo... tudo o que lhe dissestes... e peço-vos que não nos façais mal. Sois amigo de meu pai, ele é vosso amigo; não lhe digais nada. Fui imprudente, fui, mas que quereis? (*vendo que Caminha não diz nada*) Então? falai... poderei contar convosco?

CAMINHA – Comigo? (*D. Catarina, inquieta e aflita, pega-lhe na mão; ele retira-lha com aspereza*) Contar comigo! Para quê, minha senhora D. Catarina? Amais um mancebo digno, por que vós o amais... muito, não?

D. CATARINA – Muito!

CAMINHA – Muito! Muito, dizeis... E éreis vós que estáveis aqui, com ele, nesta sala solitária, juntos um do outro, a falarem naturalmente do céu e da terra... ou só do céu, que é a terra dos namorados. Que dizíeis?...

D. CATARINA (*baixando os olhos*) – Senhor...

Tu só, tu, puro amor...

CAMINHA – Galanteios, galanteios, de que se há de falar lá fora... (*gesto de D. Catarina*) Ah! Cuidais que estes amores nascem e morrem no paço? – Não; passam além; descem à rua, são o mantimento dos ociosos, e ainda dos que trabalham, porque, ao serão, principalmente nas noites de inverno, em que se há de ocupar a gente, depois de fazer as suas orações? Com quê, éreis vós? Pois digo-vos que o não sabia; suspeitava, porque não podia talvez ser outra... E confessais que lhe quereis muito. Muito?

D. CATARINA – Pode ser fraqueza; mas crime... onde está o crime?

CAMINHA – O crime está em desonrar as cãs de um nobre homem, arrastando-lhe o nome por vielas e praças; o crime está em escandalizar a corte, com essas ternuras, impróprias do alto cargo que exerceis, do vosso sexo e estado... esse é o crime. E parece-vos pequeno?

D. CATARINA – Bem; desculpai-me, não direis nada...

CAMINHA – Não sei.

D. CATARINA – Peço-vo-lo... de joelhos até... (*faz um gesto para ajoelhar-se, ele impede-lho*)

CAMINHA – Perdereis o tempo; eu sou amigo de vosso pai.

D. CATARINA – Contar-lhe-eis tudo?

CAMINHA – Talvez.

D. CATARINA – Bem mo diziam sempre; sois inimigo de Camões.

CAMINHA – E sou.

D. CATARINA – Que vos fez ele?

CAMINHA – Que me fez? (*pausa*) D. Catarina de Ataíde, quereis saber o que me fez o vosso Camões? Não é só a sua soberba que me afronta; fosse só isso, e que me importava um frouxo cerzidor de palavras, sem arte, nem conceito?

D. CATARINA – Acabai...

CAMINHA – Também não é porque ele vos ama, que eu o odeio; mas vós, senhora D. Catarina de Ataíde, vós o amais... eis o crime de Camões. Entendeis?

D. CATARINA (*depois de um instante de assombro*) – Não quero entender.

CAMINHA – Sim, que também eu vos quero, ouvis? – E quero-vos muito... mais do que ele, e melhor do que ele; porque o meu amor tem o impulso do ódio, nutre-se do silêncio, o desdém o avigora, e não faço alarde nem escândalo; é um amor...

D. CATARINA – Calai-vos! Pela Virgem, calai-vos!

CAMINHA – Que me cale? Obedecerei. (*faz uma reverência*) Mandais alguma outra coisa?

D. CATARINA – Não, ficai. Jurai-me que não direis coisa nenhuma...

CAMINHA – Depois da confissão que vos fiz, esse pedido chega a ser mofa. Que não diga nada? Direi tudo, revelarei tudo a vosso pai. Não sei se a ação é má ou boa; sei que vos amo, e que detesto esse rufião, a quem vadios deram foros de letrado.

D. CATARINA – Senhor! É demais!...

CAMINHA – Defendei-o, não é assim?

D. CATARINA – Odiai-o, se vos apraz; insultá-lo, é que não é de cavalheiro...

CAMINHA – Que tem? O amor desprezado sangra e fere.

D. CATARINA – Deixai que lhe chame um amor vilão.

CAMINHA – Sois vós agora que me injuriais. Adeus, senhora D. Catarina de Ataíde! (*dirige-se para o fundo*)

D. CATARINA (*tomando-lhe o passo*) – Não! Agora não vos peço... intimo-vos que vos caleis.

CAMINHA – Que recompensa me dais?

D. CATARINA – A vossa consciência.

CAMINHA – Deixai em paz os que dormem. Não vos peço nada. Quereis que vos prometa alguma coisa? Uma só coisa prometo: não contar a vosso pai o que se passou. Mas, se por denúncia ou desconfiança, for interrogado por ele, então lhe direi tudo. E duas vezes farei bem: – não faltarei à verdade, que é dever de cavalheiro; e depois... chorareis lágrimas de sangue; e eu prefiro ver-vos chorar a ver-vos sorrir. A vossa angústia será a minha consolação. Onde falecerdes de pura saudade, aí me glorificarei eu. Chamai-me agora perverso, se o quereis, eu respondo que vos amo... e que não tenho outra virtude. (*vai a sair, encontra-se com D. Francisca de Aragão; corteja-a e sai*)

Cena XI

D. CATARINA DE ATAÍDE, D. FRANCISCA DE ARAGÃO

D. FRANCISCA – Vai afrontado o nosso poeta. Que terá ele? (*reparando em D. Catarina*) Que tendes vós?... que foi?

Tu só, tu, puro amor...

D. CATARINA – Tudo sabe.

D. FRANCISCA – Quem?

D. CATARINA – Esse homem. Achou-nos nesta sala; eu tive medo; disse-lhe tudo.

D. FRANCISCA – Imprudente!

D. CATARINA – Duas vezes imprudente; deixei-me estar ao lado do meu Luís, a ouvir-lhe as palavras tão nobres, tão apaixonadas... e o tempo corria... e podiam espreitar-nos... Credes que o Caminha diga alguma coisa a meu pai?

D. FRANCISCA – Talvez não.

D. CATARINA – Quem sabe? Ele ama-me.

D. FRANCISCA – O Caminha?

D. CATARINA – Disse-mo agora. Que admira? Acha-me formosa, como os outros. Triste dom é esse. Sou formosa para não ser feliz, para ser amada às ocultas, odiada às escâncaras e, talvez... Se meu pai vier a saber... que fará ele, amiga minha?

D. FRANCISCA – O senhor D. Antônio é tão severo!

D. CATARINA – Irá ter com El-rei, pedir-lhe-á que o castigue, que o encarcere, não? E por minha causa... Não; primeiro irei eu... (*dirige-se para a porta da direita*)

D. FRANCISCA – Onde ides?

D. CATARINA – Vou falar a El-rei... Ou, não... (*encaminha-se para a porta da esquerda*) Vou ter com a rainha; contar-lhe-ei tudo; ela me amparará. Credes que não?

D. FRANCISCA – Creio que sim.

D. CATARINA – Irei, ajoelhar-me-ei a seus pés. Ela é rainha, mas é também mulher... e ama-me. (*sai pela esquerda*)

Cena XII

D. FRANCISCA DE ARAGÃO, D. ANTÔNIO DE LIMA,
depois D. MANUEL DE PORTUGAL

D. FRANCISCA (*depois de um instante de reflexão*) – Talvez chegue cedo demais. (*dá um passo para a porta da esquerda*) Não; melhor é que lhe fale...

mas, se se aventa a notícia? Meu Deus, não sei... não sei... Ouço passos... (*entra D. Antônio de Lima*) Ah!

D. ANTÔNIO – Que foi?

D. FRANCISCA – Nada, nada... não sabia quem era. Sois vós... (*risonha*) Chegaram galeões da Ásia; boas notícias, dizem...

D. ANTÔNIO (*sombrio*) – Eu não ouvi dizer nada. (*querendo retirar-se*) Permitis?...

D. FRANCISCA – Jesus! Que tendes?... que ar é esse? (*vendo entrar D. Manuel de Portugal*) Vinde cá, senhor D. Manuel de Portugal, vinde saber o que tem este meu bom e velho amigo, que me não quer... (*segurando na mão de D. Antônio*) Então, eu já não sou a vossa frescura de maio?...

D. ANTÔNIO (*sorrindo, a custo*) – Sois, sois. Manhosamente sutil, ou sutilmente manhosa, à escolha; eu é que sou uma triste secura de dezembro, que me vou e vos deixo. Permitis, não? (*corteja-a e dirige-se para a porta*)

D. MANUEL (*interpondo-se*) – Deixai que vos levante o reposteiro. (*levanta o reposteiro*) Ides ter com Sua Alteza, suponho?

D. ANTÔNIO – Vou.

D. MANUEL – Ides levar-lhe notícias da Índia?

D. ANTÔNIO – Sabeis que não é o meu cargo...

D. MANUEL – Sei, sei; mas dizem que... Senhor D. Antônio, acho-vos o rosto anuviado, alguma coisa vos penaliza ou turva. Sabeis que sou vosso amigo; perdoai se vos interrogo. Que foi? Que há?

D. ANTÔNIO (*gravemente*) – Senhor D. Manuel, tendes vinte e sete anos, eu conto sessenta; deixai-me passar. (*D. Manuel inclina-se, levantando o reposteiro. D. Antônio desaparece*)

Cena XIII

D. MANUEL DE PORTUGAL, D. FRANCISCA DE ARAGÃO

D. MANUEL – Vai dizer tudo a El-rei.

D. FRANCISCA – Credes?

D. MANUEL – Camões contou-me o encontro que tivera com o Caminha aqui; eu ia falar ao senhor D. Antônio; achei-o agora mesmo, ao pé de uma janela, com o dissimulado Caminha, que lhe dizia: "Não vos nego, senhor D. Antônio, que os achei naquela sala, a sós, e que vossa filha fugiu desde que eu lá entrei".

D. FRANCISCA – Ouvistes isso?

D. MANUEL – D. Antônio ficou severo e triste. "Querem escândalo?..." foram as suas palavras. E não disse outras, apertou a mão ao Caminha, e seguiu para cá... Penso que foi pedir alguma coisa a El-rei. Talvez o desterro.

D. FRANCISCA – O desterro?

D. MANUEL – Talvez. Camões há de voltar agora aqui; disse-me que viria falar ao senhor D. Antônio. Para quê? Que outros lhe falem, sim; mas o meu Luís que não sabe conter-se... D. Catarina?

D. FRANCISCA – Foi lançar-se aos pés da rainha, a pedir-lhe proteção.

D. MANUEL – Outra imprudência. Foi há muito?

D. FRANCISCA – Pouco há.

D. MANUEL – Ide ter com ela, se é tempo, e dizei-lhe que não, que não convém falar nada. (*D. Francisca vai a sair, e para*) Recusais?

D. FRANCISCA – Vou, vou. Pensava comigo uma coisa. (*D. Manuel vai a ela*) Pensava que é preciso querer muito àqueles dois, para nos esquecermos assim de nós.

D. MANUEL – É verdade. E não há mais nobre motivo da nossa mútua indiferença. Indiferença, não; não o é, nem o podia ser nunca. No meio de toda essa angústia que nos cerca, poderia eu esquecer a minha doce Aragão? Poderíeis vós esquecer-me? Ide agora; nós que somos felizes, temos o dever de consolar os desgraçados. (*D. Francisca sai pela esquerda*)

Cena XIV

D. MANUEL DE PORTUGAL, *logo* D. ANTÔNIO DE LIMA

D. MANUEL – Se perco o confidente dos meus amores, da minha mocidade, o meu companheiro de longas horas... Não é impossível. – El-rei concederá o que lhe pedir D. Antônio. A culpa – força é confessá-lo –, a culpa é dele, do meu Camões, do meu impetuoso poeta; um coração sem freio... (*abre-se o reposteiro, aparece D. Antônio*) D. Antônio!

D. ANTÔNIO (*da porta, jubiloso*) – Interrogastes-me há pouco; agora hei tempo de vos responder.

D. MANUEL – Talvez não seja preciso.

D. ANTÔNIO (*adianta-se*) – Adivinhais então?

D. MANUEL – Pode ser que sim.

D. ANTÔNIO – Creio que adivinhais.

D. MANUEL – Sua Alteza concedeu-vos o desterro de Camões.

D. ANTÔNIO – Esse é o nome da pena; a realidade é que Sua Alteza restituiu a honra a um vassalo, e a paz a um ancião.

D. MANUEL – Senhor D. Antônio...

D. ANTÔNIO – Nem mais uma palavra, senhor D. Manuel de Portugal, nem mais uma palavra. – Mancebo sois; é natural que vos ponhais do lado do amor; eu sou velho, e a velhice ama o respeito. Até à vista, senhor D. Manuel, e não turveis o meu contentamento. (*dá um passo para sair*)

D. MANUEL – Se matais vossa filha?

D. ANTÔNIO – Não a matarei. Amores fáceis de curar são esses que aí brotam no meio de galanteios e versos. Versos curam tudo. Só não curam a honra os versos; mas para a honra dá Deus um rei austero, e um pai inflexível... Até à vista, senhor D. Manuel. (*sai pela esquerda*)

Cena XV

D. MANUEL DE PORTUGAL, CAMÕES

D. MANUEL – Perdido... está tudo perdido. (*Camões entra pelo fundo*) Meu pobre Luís! Se soubesses...

CAMÕES – Que há?

D. MANUEL – El-rei... El-rei atendeu às súplicas do senhor D. Antônio. Está tudo perdido.

CAMÕES – E que pena me cabe?

D. MANUEL – Desterra-vos da corte.

CAMÕES – Desterrado! Mas eu vou ter com Sua Alteza, eu direi...

D. MANUEL (*aquietando-o*) – Não direis nada; não tendes mais que cumprir a real ordem; deixai que os vossos amigos façam alguma coisa; talvez logrem abrandar o rigor da pena. Vós não fareis mais do que agravá-la.

CAMÕES – Desterrado! E para onde?

D. MANUEL – Não sei. Desterrado da corte é o que é certo. Vede... não há mais demorar no paço. Saiamos.

Tu só, tu, puro amor...

CAMÕES – Aí me vou eu, pois, caminho do desterro, e não sei se da miséria! Venceu então o Caminha? Talvez os versos dele fiquem assim melhores. Se nos vai dar uma nova *Eneida*, o Caminha? Pode ser, tudo pode ser... Desterrado da corte! Cá me ficam os melhores dias, e as mais fundas saudades. Crede, senhor D. Manuel, podeis crer que as mais fundas saudades cá me ficam.

D. MANUEL – Tornareis, tornareis...

CAMÕES – E ela? Já o saberá ela?

D. MANUEL – Cuido que o senhor D. Antônio foi dizer-lhe em pessoa. Deus! Aí vêm eles.

Cena XVI

Os mesmos, D. ANTÔNIO DE LIMA, D. CATARINA DE ATAÍDE

(*D. Antônio aparece à porta da esquerda, trazendo D. Catarina pela mão. D. Catarina vem profundamete abatida*)

D. CATARINA (*à parte vendo Camões*) – Ele! Dai-me forças, meu Deus! (*D. Antônio corteja os dois, e segue na direção do fundo. Camões dá um passo para falar-lhe, mas D. Manuel contém-no. D. Catarina, prestes a sair, volve a cabeça para trás*)

Cena XVII

D. MANUEL DE PORTUGAL, CAMÕES

CAMÕES – Ela aí vai... talvez para sempre... Credes que para sempre?

D. MANUEL – Não. Saiamos!

CAMÕES – Vamos lá; deixemos estas salas que tão funestas me foram. (*indo ao fundo e olhando para dentro*) Ela aí vai, a minha estrela, aí vai a resvalar no abismo, donde não sei se a levantarei mais... Nem eu... (*voltando-se para D. Manuel*) nem vós, meu amigo, nem vós que me quereis tanto, ninguém.

D. MANUEL – Desanimais depressa, Luís. Por que ninguém?

CAMÕES – Não saberia dizer-vos; mas sinto-o aqui no coração. Essa clara luz, essa doce madrugada da minha vida, apagou-se agora mesmo, e de uma vez.

D. MANUEL – Confiai em mim, nos meus amigos, nos vossos amigos. Irei ter com eles; induzi-los-ei a...

CAMÕES – A quê? A mortificarem um camareiro-mor, a fim de servir um triste escudeiro, que já estará a caminho de África?

D. MANUEL – Ides à África?

CAMÕES – Pode ser; sinto umas tonteiras africanas. Pois que me fecham a porta dos amores, abrirei eu mesmo as da guerra. Irei lá pelejar, ou não sei se morrer... África, disse eu? Pode ser que Ásia também, ou Ásia só; o que me der na imaginação.

D. MANUEL – Saiamos.

CAMÕES – E agora, adeus, infiéis paredes; sede ao menos compassivas; guardai-ma, guardai-ma bem, a minha formosa D. Catarina! (*a D. Manuel*) Credes que tenho vontade de chorar?

D. MANUEL – Saiamos, Luís!

CAMÕES – E não choro, não; não choro... não quero... (*forcejando por ser alegre*) Vedes? até rio! Vou-me para bem longe. Considerando bem, Ásia é melhor; lá rematou a audácia lusitana o seu edifício, lá irei escutar o rumor dos passos do nosso Vasco. E este sonho, esta quimera, esta coisa que me flameja cá dentro, quem sabe se... Um grande sonho, senhor D. Manuel...

Vede lá, ao longe, na imensidade desses mares, nunca dantes navegados, uma figura rútila, que se debruça dos balcões da aurora, coroada de palmas indianas? É a nossa glória, é a nossa glória que alonga os olhos, como a pedir o seu esposo ocidental. E nenhum lhe vai dar o ósculo que a fecunde; nenhum filho desta terra, nenhum que empunhe a tuba da imortalidade, para dizê-la aos quatro ventos do céu... Nenhum... (*vai amortecendo a voz*) Nenhum... (*pausa, fita D. Manuel como se acordasse e dá de ombros*) Uma grande quimera, senhor D. Manuel. Vamos ao nosso desterro.

FIM DE "TU SÓ, TU, PURO AMOR..."

Não consultes médico

PERSONAGENS

D. LEOCÁDIA
D. ADELAIDE
D. CARLOTA
CAVALCANTE
MAGALHÃES

Um gabinete em casa de Magalhães, na Tijuca.

Cena I

MAGALHÃES, D. ADELAIDE

(*Magalhães lê um livro, D. Adelaide folheia um livro de gravuras*)

MAGALHÃES – Esta gente não terá vindo?

D. ADELAIDE – Parece que não. Já saíram há um bom pedaço; felizmente o dia está fresco. Titia estava tão contente ao almoço! E ontem? Você viu que risadas que ela dava, ao jantar, ouvindo o Dr. Cavalcante? E o Cavalcante sério. Meu Deus, que homem triste! que cara de defunto!

MAGALHÃES – Coitado do Cavalcante! Mas que quererá ela comigo? Falou-me em um obséquio.

D. ADELAIDE – Sei o que é.

MAGALHÃES – Que é?

D. ADELAIDE – Por ora é segredo. Titia quer que levemos Carlota conosco.

MAGALHÃES – Para a Grécia?

D. ADELAIDE – Sim, para a Grécia.

MAGALHÃES – Talvez ela pense que a Grécia é em Paris. Eu aceitei a legação de Atenas porque não me dava bem em Guatemala, e não há outra vaga na América. Nem é só por isso; você tem vontade de ir acabar a lua de mel na Europa... Mas então Carlota vai ficar conosco?

D. ADELAIDE – É só algum tempo. Carlota gostava muito de um tal Rodrigues, capitão de engenharia, que casou com uma viúva espanhola. Sofreu muito, e ainda agora anda meio triste; titia diz que há de curá-la.

MAGALHÃES (*rindo*) – É a mania dela.

D. ADELAIDE (*rindo*) – Só cura moléstias morais.

MAGALHÃES – A verdade é que nos curou; mas, por muito que lhe paguemos em gratidão, fala-nos sempre da nossa antiga moléstia. "Como vão os meus doentezinhos? Não é verdade que estão curados?"

D. ADELAIDE – Pois falemos-lhe nós da cura, para lhe dar gosto. Agora quer curar a filha.

MAGALHÃES – Do mesmo modo?

D. ADELAIDE – Por ora não. Quer mandá-la à Grécia para que ela esqueça o capitão de engenharia.

MAGALHÃES – Mas em qualquer parte se esquece um capitão de engenharia.

D. ADELAIDE – Titia pensa que a vista das ruínas e dos costumes diferentes cura mais depressa. Carlota está com dezoito para dezenove anos; titia não a quer casar antes dos vinte. Desconfio que já traz um noivo em mente, um moço que não é feio, mas tem o olhar espantado.

MAGALHÃES – É um desarranjo para nós; mas, enfim, pode ser que lhe achemos lá na Grécia algum descendente de Alcibíades que a preserve do olhar espantado.

D. ADELAIDE – Ouço passos. Há de ser titia...

MAGALHÃES – Justamente! Continuemos a estudar a Grécia. (*sentam-se outra vez, Magalhães lendo, D. Adelaide folheando o livro de vistas*)

Cena II

Os mesmos e D. LEOCÁDIA

D. LEOCÁDIA – (*para à porta, desce pé ante pé, e mete a cabeça entre os dois*) – Como vão os meus doentezinhos? Não é verdade que estão curados?

MAGALHÃES (*à parte*) – É isto todos os dias.

D. LEOCÁDIA – Agora estudam a Grécia; fazem muito bem. O país do casamento é que vocês não precisaram estudar.

D. ADELAIDE – A senhora foi a nossa geografia, foi quem nos deu as primeiras lições.

D. LEOCÁDIA – Não diga lições, diga remédios. Eu sou doutora, eu sou médica. Este (*indicando Magalhães*), quando voltou de Guatemala, tinha um ar esquisito; perguntei-lhe se queria ser deputado, disse-me que não; observei-lhe o nariz, e vi que era um triste nariz solitário...

MAGALHÃES – Já me disse isto cem vezes.

D. LEOCÁDIA (*voltando-se para ele e continuando*) – Esta (*designando Adelaide*) andava hipocondríaca. O médico da casa receitava pílulas, cápsulas, uma porção de tolices que ela não tomava, porque eu não deixava; o médico devia ser eu.

D. ADELAIDE – Foi uma felicidade. Que é que se ganha em engolir pílulas?

D. LEOCÁDIA – Apanham-se moléstias.

D. ADELAIDE – Uma tarde, fitando eu os olhos de Magalhães...

D. LEOCÁDIA – Perdão, o nariz.

D. ADELAIDE – Vá lá. A senhora disse-me que ele tinha o nariz bonito, mas muito solitário. Não entendi; dois dias depois, perguntou-me se queria casar, eu não sei que disse, e acabei casando.

D. LEOCÁDIA – Não é verdade que estão curados?

MAGALHÃES – Perfeitamente.

D. LEOCÁDIA – A propósito, como irá o Dr. Cavalcante? Que esquisitão! Disse-me ontem que a coisa mais alegre do mundo era um cemitério. Perguntei-lhe se gostava aqui da Tijuca, respondeu-me que sim, e que o Rio de Janeiro era uma grande cidade. "É a segunda vez que a vejo, disse ele; eu sou do Norte. É uma grande cidade, José Bonifácio é um grande homem, a Rua do Ouvidor um poema, o chafariz da Carioca um belo chafariz, o Corcovado, o gigante de pedra, Gonçalves Dias, os *Timbiras*, o Maranhão..." Embrulhava tudo a tal ponto que me fez rir. Ele é doido?

MAGALHÃES – Não.

D. LEOCÁDIA – A princípio, cuidei que era. Mas o melhor foi quando se serviu o peru. Perguntei-lhe que tal achava o peru. Ficou pálido, deixou cair o garfo, fechou os olhos e não me respondeu. Eu ia chamar a atenção de vocês, quando ele abriu os olhos e disse com voz surda: "D. Leocádia, eu não conheço o Peru..." Eu, espantada, perguntei: "Pois não está comendo?..." "Não falo desta pobre ave; falo-lhe da república."

MAGALHÃES – Pois conhece a república.

D. LEOCÁDIA – Então mentiu.

MAGALHÃES – Não, porque nunca lá foi.

D. LEOCÁDIA (*a D. Adelaide*) – Mau! Teu marido parece que também está virando o juízo. (*a Magalhães*) Conhece então o Peru, como vocês estão conhecendo a Grécia... pelos livros.

MAGALHÃES – Também não.

D. LEOCÁDIA – Pelos homens?

MAGALHÃES – Não, senhora.

D. LEOCÁDIA – Então pelas mulheres?

MAGALHÃES – Nem pelas mulheres.

D. LEOCÁDIA – Por uma mulher?

MAGALHÃES – Por uma mocinha, filha do ministro do Peru em Guatemala. Já contei a história a Adelaide. (*D. Adelaide senta-se folheando o livro de gravuras*)

D. LEOCÁDIA (*senta-se*) – Ouçamos a história. É curta?

MAGALHÃES – Quatro palavras. Cavalcante estava em comissão com nosso governo, e frequentava o corpo diplomático, onde era muito bem-visto. Realmente não se podia achar criatura mais dada, mais expansiva, mais estimável. Um dia começou a gostar da peruana. A peruana era bela e alta, com uns olhos admiráveis. Cavalcante, dentro de pouco, estava doido por ela, não pensava em mais nada, não falava de outra pessoa. Quando a via ficava estático. Se ela gostava dele, não sei; é certo que o animava, e já se falava em casamento. Puro engano! Dolores voltou para o Peru, onde casou com um primo, segundo me escreveu o pai.

D. LEOCÁDIA – Ele ficou desconsolado, naturalmente.

MAGALHÃES – Ah! não me fale! Quis matar-se; pude impedir esse ato de desespero, e o desespero desfez-se em lágrimas. Caiu doente, uma febre que quase o levou. Pediu dispensa da comissão, e, como eu tinha obtido seis meses de licença, voltamos juntos. Não imagina o abatimento em que ficou, a tristeza profunda; chegou a ter as ideias baralhadas. Ainda agora, diz alguns disparates, mas emenda-se logo e ri de si mesmo.

D. LEOCÁDIA – Quer que lhe diga? Já ontem suspeitei que era negócio de amores; achei-lhe um riso amargo... Terá bom coração?

MAGALHÃES – Coração de ouro.

D. LEOCÁDIA – Espírito elevado?

MAGALHÃES – Sim, senhora.

D. LEOCÁDIA – Espírito elevado, coração de ouro, saudades... Está entendido.

MAGALHÃES – Entendido o quê?

D. LEOCÁDIA – Vou curar o seu amigo Cavalcante. De que é que se espantam?

D. ADELAIDE – De nada.

MAGALHÃES – De nada, mas...

D. LEOCÁDIA – Mas quê?

MAGALHÃES – Parece-me...

D. LEOCÁDIA – Não parece nada; vocês são uns ingratos. Pois se confessam que eu curei o nariz de um e a hipocondria do outro, como é que põem em dúvida que eu possa curar a maluquice do Cavalcante? Vou curá-lo. Ele virá hoje?

D. ADELAIDE – Não vem todos os dias; às vezes passa-se uma semana.

MAGALHÃES – Mora perto daqui; vou escrever-lhe que venha, e, quando chegar, dir-lhe-ei que a senhora é o maior médico do século, cura o moral... Mas, minha tia, devo avisá-la de uma coisa; não lhe fale em casamento.

D. LEOCÁDIA – Oh! não!

MAGALHÃES – Fica furioso quando lhe falam em casamento; responde que só se há de casar com a morte... A senhora exponha-lhe...

D. LEOCÁDIA – Ora, meu sobrinho, vá ensinar o *padre-nosso* ao vigário. Eu sei o que ele precisa, mas quero estudar primeiro o doente e a doença. Já volto.

MAGALHÃES – Não lhe diga que eu é que lhe contei o caso da peruana...

D. LEOCÁDIA – Pois se eu mesma adivinhei que ele sofria do coração. (*sai; entra Carlota*)

Cena III

MAGALHÃES, D. ADELAIDE, D. CARLOTA

D. ADELAIDE – Bravo! está mais corada agora!

D. CARLOTA – Foi do passeio.

D. ADELAIDE – De que é que você gosta mais, da Tijuca ou da cidade?

D. CARLOTA – Eu, por mim, ficava metida aqui na Tijuca.

MAGALHÃES – Não creio. Sem bailes? sem teatro lírico?

D. CARLOTA – Os bailes cansam, e não temos agora teatro lírico.

MAGALHÃES – Mas, em suma, aqui ou na cidade, o que é preciso é que você ria; esse ar tristonho faz-lhe a cara feia.

D. CARLOTA – Mas eu rio. Ainda agora não pude deixar de rir vendo o Dr. Cavalcante.

MAGALHÃES – Por quê?

D. CARLOTA – Ele passava ao longe, a cavalo, tão distraído que levava a cabeça caída entre as orelhas do animal; ri da posição, mas lembrei-me que podia cair e ferir-se, e estremeci toda.

MAGALHÃES – Mas não caiu?

D. CARLOTA – Não.

D. ADELAIDE – Titia viu também?

D. CARLOTA – Mamãe ia-me falando da Grécia, do céu da Grécia, dos monumentos da Grécia, do rei da Grécia; toda ela é Grécia, fala como se tivesse estado na Grécia.

D. ADELAIDE – Você quer ir conosco para lá?

D. CARLOTA – Mamãe não há de querer.

D. ADELAIDE – Talvez queira. (*mostrando-lhe as gravuras do livro*) Olhe que bonitas vistas! Isto são ruínas. Aqui está uma cena de costumes. Olhe esta rapariga com um pote...

MAGALHÃES (*à janela*) – Cavalcante aí vem.

D. CARLOTA – Não quero vê-lo.

D. ADELAIDE – Por quê?

D. CARLOTA – Agora que passou o medo, posso rir-me lembrando a figura que ele fazia.

D. ADELAIDE – Eu também vou. (*saem as duas; Cavalcante aparece à porta, Magalhães deixa a janela*)

Cena IV

CAVALCANTE e MAGALHÃES

MAGALHÃES – Entra. Como passaste a noite?

Não consultes médico

CAVALCANTE – Bem. Dei um belo passeio; fui até ao Vaticano e vi o papa. (*Magalhães olha espantado*) Não te assustes, não estou doido. Eis o que foi: o meu cavalo ia para um lado e o meu espírito para outro. Eu pensava em fazer-me frade; então todas as minhas ideias vestiram-se de burel, e entrei a ver sobrepelizes e tochas; enfim, cheguei a Roma, apresentei-me à porta do Vaticano e pedi para ver o papa. No momento em que Sua Santidade apareceu, prosternei-me, depois estremeci, despertei e vi que o meu corpo seguira atrás do sonho, e que eu ia quase caindo.

MAGALHÃES – Foi então que a nossa prima Carlota deu contigo ao longe.

CAVALCANTE – Também eu a vi, e, de vexado, piquei o cavalo.

MAGALHÃES – Mas, então ainda não perdeste essa ideia de ser frade?

CAVALCANTE – Não.

MAGALHÃES – Que paixão romanesca!

CAVALCANTE – Não, Magalhães; reconheço agora o que vale o mundo com as suas perfídias e tempestades. Quero achar um abrigo contra elas; esse abrigo é o claustro. Não sairei nunca da minha cela, e buscarei esquecer diante do altar...

MAGALHÃES – Olha que vais cair do cavalo!

CAVALCANTE – Não te rias, meu amigo!

MAGALHÃES – Não; quero só acordar-te. Realmente, estás ficando maluco. Não penses mais em semelhante moça. Há no mundo milhares e milhares de moças iguais à bela Dolores.

CAVALCANTE – Milhares e milhares? Mais uma razão para que eu me esconda em um convento. Mas é engano; há só uma, e basta.

MAGALHÃES – Bem, não há remédio senão entregar-te à minha tia.

CAVALCANTE – À tua tia?

MAGALHÃES – Minha tia crê que tu deves padecer de alguma doença moral – e adivinhou –, e fala de curar-te. Não sei se sabes que ela vive na persuasão de que cura todas as enfermidades morais.

CAVALCANTE – Oh! eu sou incurável!

MAGALHÃES – Por isso mesmo deves sujeitar-te aos seus remédios. Se te não curar, dar-te-á alguma distração, e é o que eu quero. (*abre a charuteira, que está vazia*) Olha, espera aqui, lê algum livro; eu vou buscar charutos. (*sai; Cavalcante pega num livro e senta-se*)

57

Cena V

CAVALCANTE, D. CARLOTA (*aparecendo ao fundo*)

D. CARLOTA – Primo... (*vendo Cavalcante*) Ah! perdão!

CAVALCANTE (*erguendo-se*) – Perdão de quê?

D. CARLOTA – Cuidei que meu primo estava aqui; vim buscar um livro de gravuras de prima Adelaide; está aqui...

CAVALCANTE – A senhora viu-me passar a cavalo, há uma hora, numa posição incômoda e inexplicável.

D. CARLOTA – Perdão, mas...

CAVALCANTE – Quero dizer-lhe que eu levava na cabeça uma ideia séria, um negócio grave.

D. CARLOTA – Creio.

CAVALCANTE – Deus queira que nunca possa entender o que era! Basta crer. Foi a distração que me deu aquela postura inexplicável. Na minha família quase todos são distraídos. Um dos meus tios morreu na guerra do Paraguai, por causa de uma distração; era capitão de engenharia...

D. CARLOTA (*perturbada*) – Oh! não me fale!

CAVALCANTE – Por quê? Não pode tê-lo conhecido.

D. CARLOTA – Não, senhor; desculpe-me, sou um pouco tonta. Vou levar o livro à minha prima.

CAVALCANTE – Peço-lhe perdão, mas...

D. CARLOTA – Passe bem. (*vai até à porta*)

CAVALCANTE – Mas, eu desejava saber...

D. CARLOTA – Não, não, perdoe-me. (*sai*)

Cena VI

CAVALCANTE (*só*)

Não compreendo; não sei se a ofendi. Falei no tio João Pedro, que morreu no Paraguai, antes dela nascer...

Cena VII

CAVALCANTE, D. LEOCÁDIA

D. LEOCÁDIA (*ao fundo, à parte*) – Está pensando. (*desce*) Bom dia, Dr. Cavalcante!

CAVALCANTE – Como passou, minha senhora?

D. LEOCÁDIA – Bem, obrigada. Então meu sobrinho deixou-o aqui só?

CAVALCANTE – Foi buscar charutos, já volta.

D. LEOCÁDIA – Os senhores são muito amigos.

CAVALCANTE – Somos como dois irmãos.

D. LEOCÁDIA – Magalhães é um coração de ouro, e o senhor parece-me outro. Acho-lhe só um defeito, doutor... Desculpe-me esta franqueza de velha; acho que o senhor fala trocado.

CAVALCANTE – Disse-lhe ontem algumas tolices, não?

D. LEOCÁDIA – Tolices, é muito; umas palavras sem sentido.

CAVALCANTE – Sem sentido, insensatas, vem a dar na mesma.

D. LEOCÁDIA (*pegando-lhe nas mãos*) – Olhe bem para mim. (*pausa*) Suspire. (*Cavalcante suspira*) O senhor está doente; não negue que está doente, moralmente, entenda-se; não negue! (*solta-lhe as mãos*)

CAVALCANTE – Negar seria mentir. Sim, minha senhora, confesso que tive um grandíssimo desgosto...

D. LEOCÁDIA – Jogo de praça?

CAVALCANTE – Não, senhora.

D. LEOCÁDIA – Ambições políticas malogradas?

CAVALCANTE – Não conheço política.

D. LEOCÁDIA – Algum livro mal recebido pela imprensa?

CAVALCANTE – Só escrevo cartas particulares.

D. LEOCÁDIA – Não atino. Diga francamente; eu sou médico de enfermidades morais, e posso curá-lo. Ao médico diz-se tudo. Ande, fale, conte-me tudo, tudo, tudo. Não se trata de amores?

CAVALCANTE (*suspirando*) – Trata-se justamente de amores.

D. LEOCÁDIA – Paixão grande?

CAVALCANTE – Oh! imensa!

D. LEOCÁDIA – Não quero saber o nome da pessoa, não é preciso. Naturalmente, bonita?

CAVALCANTE – Como um anjo!

D. LEOCÁDIA – O coração também era de anjo?

CAVALCANTE – Pode ser, mas de anjo mau.

D. LEOCÁDIA – Uma ingrata...

CAVALCANTE – Uma perversa!

D. LEOCÁDIA – Diabólica...

CAVALCANTE – Sem entranhas!

D. LEOCÁDIA – Vê que estou adivinhando. Console-se; uma criatura dessas não acha casamento.

CAVALCANTE – Já achou!

D. LEOCÁDIA – Já?

CAVALCANTE – Casou, minha senhora; teve a crueldade de casar com um primo.

D. LEOCÁDIA – Os primos quase que não nascem para outra coisa. Diga-me, não procurou esquecer o mal nas folias próprias de rapazes?

CAVALCANTE – Oh! não! Meu único prazer é pensar nela.

D. LEOCÁDIA – Desgraçado! Assim nunca há de sarar.

CAVALCANTE – Vou tratar de esquecê-la.

D. LEOCÁDIA – De que modo?

CAVALCANTE – De um modo velho, alguns dizem que já obsoleto e arcaico. Penso em fazer-me frade. Há de haver em algum recanto do mundo um claustro em que não penetre sol nem lua.

D. LEOCÁDIA – Que ilusão! Lá mesmo achará a sua namorada. Há de vê-la nas paredes da cela, no teto, no chão, nas folhas do breviário. O silêncio far-se-á boca da moça, a solidão será o seu corpo.

CAVALCANTE – Então estou perdido. Onde acharei paz e esquecimento?

D. LEOCÁDIA – Pode ser frade sem ficar no convento. No seu caso o remédio naturalmente indicado é ir pregar... na China, por exemplo. Vá pregar aos infiéis na China. Paredes de convento são mais perigosas que olhos de chinesas. Ande, vá pregar na China. No fim de dez anos está curado. Volte, meta-se no convento e não achará lá o diabo.

CAVALCANTE – Está certa que na China...

D. LEOCÁDIA – Certíssima.

CAVALCANTE – O seu remédio é muito amargo! Por que é que me não manda antes para o Egito? Também é país de infiéis.

D. LEOCÁDIA – Não serve; é a terra daquela rainha... Como se chama?

CAVALCANTE – Cleópatra? Morreu há tantos séculos!

D. LEOCÁDIA – Meu marido disse que era uma desmiolada.

CAVALCANTE – Seu marido era, talvez, um erudito. Minha senhora, não se aprende amor nos livros velhos, mas nos olhos bonitos; por isso, estou certo de que ele adorava a V. Exa.

D. LEOCÁDIA – Ah! ah! Já o doente começa a adular o médico. Não, senhor, há de ir à China. Lá há mais livros velhos que olhos bonitos. Ou não tem confiança em mim?

CAVALCANTE – Oh! tenho, tenho. Mas ao doente é permitido fazer uma careta antes de engolir a pílula. Obedeço; vou para a China. Dez anos, não?

D. LEOCÁDIA (*levanta-se*) – Dez ou quinze, se quiser; mas antes dos quinze está curado.

CAVALCANTE – Vou.

D. LEOCÁDIA – Muito bem. A sua doença é tal que só com remédios fortes. Vá; dez anos passam depressa.

CAVALCANTE – Obrigado, minha senhora.

D. LEOCÁDIA – Até logo.

CAVALCANTE – Não, minha senhora, vou já.

D. LEOCÁDIA – Já para a China!

CAVALCANTE – Vou arranjar as malas, e amanhã embarco para a Europa; vou a Roma, depois sigo imediatamente para a China. Até daqui a dez anos. (*estende-lhe a mão*)

D. LEOCÁDIA – Fique ainda uns dias...

CAVALCANTE – Não posso.

D. LEOCÁDIA – Gosto de ver essa pressa; mas, enfim, pode esperar ainda uma semana.

CAVALCANTE – Não, não devo esperar. Quero ir às pílulas, quanto antes; é preciso obedecer religiosamente ao médico.

D. LEOCÁDIA – Como eu gosto de ver um doente assim! O senhor tem fé no médico. O pior é que daqui a pouco, talvez, não se lembre dele.

CAVALCANTE – Oh! não! Hei de lembrar-me sempre, sempre!

D. LEOCÁDIA – No fim de dois anos escreva-me; informe-me sobre o seu estado, e talvez eu o faça voltar. Mas, não minta, olhe lá; se já tiver esquecido a namorada, consentirei que volte.

CAVALCANTE – Obrigado. Vou ter com seu sobrinho, e depois vou arrumar as malas.

D. LEOCÁDIA – Então não volta mais a esta casa?

CAVALCANTE – Virei daqui a pouco, uma visita de dez minutos, e depois desço, vou tomar passagem no paquete de amanhã.

D. LEOCÁDIA – Jante, ao menos, conosco.

CAVALCANTE – Janto na cidade.

D. LEOCÁDIA – Bem, adeus; guardemos o nosso segredo. Adeus, Dr. Cavalcante. Creia-me: o senhor merece estar doente. Há pessoas que adoecem sem merecimento nenhum; ao contrário, não merecem outra coisa mais que uma saúde de ferro. O senhor nasceu para adoecer; que obediência ao médico! que facilidade em engolir todas as nossas pílulas! Adeus!

CAVALCANTE – Adeus, D. Leocádia. (*sai pelo fundo*)

Cena VIII
D. LEOCÁDIA, D. ADELAIDE

D. LEOCÁDIA – Com dois anos de China está curado. (*vendo entrar Adelaide*) O Dr. Cavalcante saiu agora mesmo. Ouviste o meu exame médico?

D. ADELAIDE – Não. Que lhe pareceu?

D. LEOCÁDIA – Cura-se.

D. ADELAIDE – De que modo?

D. LEOCÁDIA – Não posso dizer; é segredo profissional.

D. ADELAIDE – Em quantas semanas fica bom?

D. LEOCÁDIA – Em dez anos!

D. ADELAIDE – Misericórdia! Dez anos!

D. LEOCÁDIA – Talvez dois; é moço, é robusto, a natureza ajudará a medicina, conquanto esteja muito atacado. Aí vem teu marido.

Cena IX

As mesmas, MAGALHÃES

MAGALHÃES (*a D. Leocádia*) – Cavalcante disse-me que vai embora; eu vim correndo saber o que é que lhe receitou.

D. LEOCÁDIA – Receitei-lhe um remédio enérgico, mas que há de salvá-lo. Não são consolações de cacaracá. Coitado! Sofre muito, está gravemente doente; mas, descansem, meus filhos, juro-lhes, à fé do meu grau, que hei de curá-lo. Tudo é que me obedeça, e este obedece. Oh! aquele crê em mim. E vocês, meus filhos? Como vão os meus doentezinhos? Não é verdade que estão curados? (*sai pelo fundo*)

Cena X

MAGALHÃES, D. ADELAIDE

MAGALHÃES – Tinha vontade de saber o que é que ela lhe receitou.

D. ADELAIDE – Não falemos disso.

MAGALHÃES – Sabes o que foi?

D. ADELAIDE – Não; mas titia disse-me que a cura se fará em dez anos. (*espanto de Magalhães*) Sim, dez anos; talvez dois, mas a cura certa é em dez anos.

MAGALHÃES (*atordoado*) – Dez anos!

D. ADELAIDE – Ou dois.

MAGALHÃES – Ou dois?

D. ADELAIDE – Ou dez.

MAGALHÃES – Dez anos! Mas é impossível! Quis brincar contigo. Ninguém leva dez anos a sarar; ou sara antes ou morre.

D. ADELAIDE – Talvez ela pense que a melhor cura é a morte.

MAGALHÃES – Talvez. Dez anos!

D. ADELAIDE – Ou dois; não esqueças.

MAGALHÃES – Sim, ou dois; dois anos não é muito, mas, há casos... Vou ter com ele.

D. ADELAIDE – Se titia quis enganar a gente, não é bom que os estranhos saibam. Vamos falar com ela, talvez que, pedindo muito, ela diga a verdade. Não leves essa cara assustada; é preciso falar-lhe naturalmente, com indiferença.

MAGALHÃES – Pois vamos.

D. ADELAIDE – Pensando bem, é melhor que eu vá só; entre as mulheres...

MAGALHÃES – Não; ela continuará a zombar de ti; vamos juntos, estou sobre brasas.

D. ADELAIDE – Vamos.

MAGALHÃES – Dez anos!

D. ADELAIDE – Ou dois. (*saem pelo fundo*)

Cena XI

D. CARLOTA (*entrando pela direita*) – Ninguém! Afinal foram-se! Esta casa anda hoje cheia de mistérios. Há um quarto de hora quis vir aqui, e prima Adelaide disse-me que não, que se tratavam aqui negócios graves. Pouco depois levantou-se e saiu; mas antes disso contou-me que mamãe é que quer que eu vá para a Grécia. A verdade é que todos me falam de Atenas, de ruínas, de danças gregas, da Acrópole... Creio que é Acrópole que se diz. (*pega no livro que Magalhães estivera lendo, senta-se, abre e lê*) "Entre os provérbios gregos, há um muito fino: Não consultes médico; consulta alguém que tenha estado doente." Consultar alguém que tenha estado doente! Não sei que possa ser. (*continua a ler em voz baixa*)

Cena XII

D. CARLOTA, CAVALCANTE

CAVALCANTE (*ao fundo*) – D. Leocádia! (*entra e fala de longe a Carlota, que está de costas*) Quando eu ia a sair, lembrei-me.

D. CARLOTA – Quem é? (*levanta-se*) Ah! doutor!

CAVALCANTE – Desculpe-me, vinha falar à senhora sua mãe para lhe pedir um favor.

D. CARLOTA – Vou chamá-la.

CAVALCANTE – Não se incomode, falar-lhe-ei logo. Saberá por acaso se a senhora sua mãe conhece algum cardeal em Roma?

D. CARLOTA – Não sei, não, senhor.

CAVALCANTE – Queria pedir-lhe uma carta de apresentação; voltarei mais tarde. (*corteja, sai e para*) Ah! aproveito a ocasião para lhe perguntar ainda uma vez em que é que a ofendi?

D. CARLOTA – O senhor nunca me ofendeu.

CAVALCANTE – Certamente que não; mas ainda há pouco, falando-lhe de um tio meu, que morreu no Paraguai, tio João Pedro, capitão de engenharia...

D. CARLOTA (*atalhando*) – Por que é que o senhor quer ser apresentado a um cardeal?

CAVALCANTE – Bem respondido! Confesso que fui indiscreto com a minha pergunta. Já há de saber que eu tenho distrações repentinas, e quando não caio no ridículo, como hoje de manhã, caio na indiscrição. São segredos mais graves que os seus. É feliz, é bonita, pode contar com o futuro, enquanto eu... Mas eu não quero aborrecê-la. O meu caso há de andar em romances. (*indicando o livro que ela tem na mão*) Talvez nesse.

D. CARLOTA – Não é romance. (*dá-lhe o livro*)

CAVALCANTE – Não? (*lê o título*) Como? Está estudando a Grécia?

D. CARLOTA – Estou.

CAVALCANTE – Vai para lá?

D. CARLOTA – Vou, com prima Adelaide.

CAVALCANTE – Viagem de recreio, ou vai tratar-se?

D. CARLOTA – Deixe-me ir chamar mamãe.

CAVALCANTE – Perdoe-me ainda uma vez; fui indiscreto, retiro-me. (*dá alguns passos para sair*)

D. CARLOTA – Doutor! (*Cavalcante para*) Não se zangue comigo; sou um pouco tonta, o senhor é bom...

CAVALCANTE (*descendo*) – Não diga que sou bom; os infelizes são apenas infelizes. A bondade é toda sua. Há poucos dias que nos conhecemos e já nos zangamos, por minha causa. Não proteste; a causa é a minha moléstia.

D. CARLOTA – O senhor está doente?

CAVALCANTE – Mortalmente.

D. CARLOTA – Não diga isso!

CAVALCANTE – Ou gravemente, se prefere.

D. CARLOTA – Ainda é muito. E que moléstia é?

CAVALCANTE – Quanto ao nome, não há acordo: loucura, espírito romanesco e muitos outros. Alguns dizem que é amor. Olhe, está outra vez aborrecida comigo!

D. CARLOTA – Oh! não, não, não. (*procurando rir*) É o contrário; estou até muito alegre. Diz-me então que está doente, louco...

CAVALCANTE – Louco de amor, é o que alguns dizem. Os autores divergem. Eu prefiro amor, por ser mais bonito, mas a moléstia, qualquer que seja a causa, é cruel e terrível. Não pode compreender este *imbroglio*; peça a Deus que a conserve nessa boa e feliz ignorância... Por que é que me está olhando assim? Quer talvez saber...

D. CARLOTA – Não, não quero saber nada.

CAVALCANTE – Não é crime ser curiosa.

D. CARLOTA – Seja ou não loucura, não quero ouvir histórias como a sua.

CAVALCANTE – Já sabe qual é?

D. CARLOTA – Não.

CAVALCANTE – Não tenho direito de interrogá-la; mas há já dez minutos que estamos neste gabinete, falando de coisas bem esquisitas para duas pessoas que apenas se conhecem.

D. CARLOTA (*estendendo-lhe a mão*) – Até logo.

CAVALCANTE – A sua mão está fria. Não se vá ainda embora; hão de achá-la agitada. Sossegue um pouco, sente-se. (*Carlota senta-se*) Eu retiro-me.

D. CARLOTA – Passe bem.

CAVALCANTE – Até logo.

D.CARLOTA – Volta logo?

CAVALCANTE – Não, não volto mais; queria enganá-la.

D. CARLOTA – Enganar-me por quê?

CAVALCANTE – Porque já fui enganado uma vez. Ouça-me; são duas palavras. Eu gostava muito de uma moça que tinha a sua beleza, e ela casou com outro. Eis a minha moléstia.

D. CARLOTA (*erguendo-se*) – Como assim?

CAVALCANTE – É verdade; casou com outro.

D. CARLOTA (*indignada*) – Que ação vil!

CAVALCANTE – Não acha?

D. CARLOTA – E ela gostava do senhor?

CAVALCANTE – Aparentemente; mas, depois vi que eu não era mais que um passatempo.

D. CARLOTA (*animando-se aos poucos*) – Um passatempo! Fazia-lhe juramentos, dizia-lhe que o senhor era a sua única ambição, o seu verdadeiro Deus, parecia orgulhosa em contemplá-lo por horas infinitas, dizia-lhe tudo, tudo, umas coisas que pareciam cair do céu e suspirava...

CAVALCANTE – Sim, suspirava, mas...

D. CARLOTA (*muito animada*) – Um dia abandonou-o, sem uma só palavra de saudade nem de consolação, fugiu e foi casar com uma viúva espanhola!

CAVALCANTE (*espantado*) – Uma viúva espanhola!

D. CARLOTA – Ah! tem muita razão em estar doente!

CAVALCANTE – Mas que viúva espanhola é essa de que me fala?

D. CARLOTA (*caindo em si*) – Eu falei-lhe de uma viúva espanhola?

CAVALCANTE – Falou.

D. CARLOTA – Foi engano... Adeus, Sr. doutor.

CAVALCANTE – Espere um instante. Creio que me compreendeu. Falou com tal paixão que os médicos não têm. Oh! como eu execro os médicos! principalmente os que me mandam para a China.

D. CARLOTA – O senhor vai para a China?

CAVALCANTE – Vou; mas não diga nada! foi sua mãe que me deu esta receita.

D. CARLOTA – A China é muito longe!

CAVALCANTE – Creio até que está fora do mundo.

D. CARLOTA – Tão longe por quê?

CAVALCANTE – Boa palavra essa. Sim, por que ir à China, se a gente pode sarar na Grécia? Dizem que a Grécia é muito eficaz para estas feridas; há quem afirme que não há melhor para as que são feitas pelos capitães de engenharia. Quanto tempo vai lá passar?

D. CARLOTA – Não sei. Um ano, talvez.

CAVALCANTE – Crê que eu possa sarar num ano?

D. CARLOTA – É possível.

CAVALCANTE – Talvez sejam precisos dois — dois ou três.

D. CARLOTA – Ou três.

CAVALCANTE – Quatro, cinco...

D. CARLOTA – Cinco, seis...

CAVALCANTE – Depende menos do país que da doença.

D. CARLOTA – Ou do doente.

CAVALCANTE – Ou do doente. Já a passagem do mar pode ser que me faça bem. A minha moléstia casou com um primo. A sua (perdoe esta outra indiscrição; é a última) a sua casou com a viúva espanhola. As espanholas, mormente viúvas, são detestáveis. Mas, diga-me uma coisa: se uma pessoa já está curada, que é que vai fazer à Grécia?

D. CARLOTA – Convalescer, naturalmente. O senhor, como ainda está doente, vai para a China.

CAVALCANTE – Tem razão. Entretanto, começo a ter medo de morrer... Pensou alguma vez na morte?

D. CARLOTA – Pensa-se nela, mas lá vem um dia em que a gente aceita a vida, seja como for.

CAVALCANTE – Vejo que sabe muita coisa.

D. CARLOTA – Não sei nada; sou uma tagarela, que o senhor obrigou a dar por paus e por pedras; mas, como é a última vez que nos vemos, não importa. Agora, passe bem.

CAVALCANTE – Adeus, D. Carlota!

D. CARLOTA – Adeus, doutor!

CAVALCANTE – Adeus. (*dá um passo para a porta do fundo*) Talvez eu vá a Atenas; não fuja se me vir vestido de frade...

D. CARLOTA (*indo a ele*) – De frade? O senhor vai ser frade?

CAVALCANTE – Frade. Sua mãe aprova-me, contanto que eu vá à China. Parece-lhe que devo obedecer a esta vocação, ainda depois de perdida?

D. CARLOTA – É difícil obedecer a uma vocação perdida.

CAVALCANTE – Talvez nem a tivesse, e ninguém se deu ao trabalho de me dissuadir. Foi aqui, a seu lado, que comecei a mudar. A sua voz sai de um coração que padeceu também, e sabe falar a quem padece. Olhe, julgue-me doido, se quiser, mas eu vou pedir-lhe um favor: conceda-me que a ame. (*Carlota, perturbada, volta o rosto*) Não lhe peço que me ame, mas que se deixe amar; é um modo de ser grato. Se fosse uma santa, não podia impedir que lhe acendesse uma vela.

D. CARLOTA – Não falemos mais nisto, e separemo-nos.

CAVALCANTE – A sua voz treme; olhe para mim...

D. CARLOTA – Adeus; aí vem mamãe.

Cena XIII

Os mesmos, D. LEOCÁDIA

D. LEOCÁDIA – Que é isto, doutor? Então o senhor quer só um ano de China? Vieram pedir-me que reduzisse a sua ausência.

CAVALCANTE – D. Carlota lhe dirá o que eu desejo.

D. CARLOTA – O doutor veio saber se mamãe conhece algum cardeal em Roma.

CAVALCANTE – A princípio era um cardeal; agora basta um vigário.

D. LEOCÁDIA – Um vigário? Para quê?

CAVALCANTE – Não posso dizer.

D. LEOCÁDIA (*a Carlota*) – Deixa-nos sós, Carlota; o doutor quer fazer-me uma confidência.

CAVALCANTE – Não, não, ao contrário... D. Carlota pode ficar. O que eu quero dizer é que um vigário basta para casar.

D. LEOCÁDIA – Casar a quem?

CAVALCANTE – Não é já, falta-me ainda a noiva.

D. LEOCÁDIA – Mas quem é que me está falando?

CAVALCANTE – Sou eu, D. Leocádia.

D. LEOCÁDIA – O senhor! o senhor! o senhor!

CAVALCANTE – Eu mesmo. Pedi licença a alguém...

D. LEOCÁDIA – Para casar?

Cena XIV

Os mesmos, MAGALHÃES, D. ADELAIDE

MAGALHÃES – Consentiu, titia?

D. LEOCÁDIA – Em reduzir a China a um ano? Mas ele agora quer a vida inteira.

MAGALHÃES – Estás doido?

D. LEOCÁDIA – Sim, a vida inteira, mas é para casar. (*D. Carlota fala baixo a D. Adelaide*) Você entende, Magalhães?

CAVALCANTE – Eu, que devia entender, não entendo.

D. ADELAIDE (*que ouviu D. Carlota*) – Entendo eu. O Dr. Cavalcante contou as suas tristezas a Carlota, e Carlota, meio curada do seu próprio mal, expôs sem querer o que tinha sentido. Entenderam-se e casam-se.

D. LEOCÁDIA (*a Carlota*) – Deveras? (*D. Carlota baixa os olhos*) Bem; como é para saúde dos dois, concedo; são mais duas curas!

MAGALHÃES – Perdão; estas fizeram-se pela receita de um provérbio grego que está aqui neste livro. (*abre o livro*) "Não consultes médico; consulta alguém que tenha estado doente."

FIM DE "NÃO CONSULTES MÉDICO"

Lição de botânica

PERSONAGENS

D. HELENA
D. LEONOR
D. CECÍLIA
BARÃO SIGISMUNDO DE KERNOBERG

Lugar da cena: Andaraí

ATO ÚNICO

(*sala em casa de D. Leonor. Portas ao fundo, uma à direita do espectador*)

Cena I

D. LEONOR, D. HELENA, D. CECÍLIA

(*D. Leonor entra, lendo uma carta, D. Helena e D. Cecília entram do fundo*)

D. HELENA – Já de volta!

D. CECÍLIA (*a D. Helena, depois de um silêncio*) – Será alguma carta de namoro?

D. HELENA (*baixo*) – Criança!

D. LEONOR – Não me explicarão isto?

D. HELENA – Que é?

D. LEONOR – Recebi ao descer do carro este bilhete: "Minha senhora. Permita que o mais respeitoso vizinho lhe peça dez minutos de atenção. Vai nisto um grande interesse da ciência". Que tenho eu com a ciência?

D. HELENA – Mas de quem é a carta?

D. LEONOR – Do barão Sigismundo de Kernoberg.

D. CECÍLIA – Ah! o tio de Henrique!

D. LEONOR – De Henrique! Que familiaridade é essa?

D. CECÍLIA – Titia, eu...

D. LEONOR – Eu quê?... Henrique!

D. HELENA – Foi uma maneira de falar na ausência... Com que então o Sr. barão Sigismundo de Kernoberg pede-lhe dez minutos de atenção, em nome e por amor da ciência. Da parte de um botânico é por força alguma écloga.

D. LEONOR – Seja o que for, não sei se deva receber um senhor a quem nunca vimos. Já o viram alguma vez?

D. CECÍLIA – Eu nunca.

D. HELENA – Nem eu.

D. LEONOR – Botânico e sueco: duas razões para ser gravemente aborrecido. Nada, não estou em casa.

D. CECÍLIA – Mas quem sabe, titia, se ele quer pedir-lhe... sim... um exame no nosso jardim?

D. LEONOR – Há por todo esse Andaraí muito jardim para examinar.

D. HELENA – Não, senhora, há de recebê-lo.

D. LEONOR – Por quê?

D. HELENA – Porque é nosso vizinho, porque tem necessidade de falar-lhe, e, enfim, porque, a julgar pelo sobrinho, deve ser um homem distinto.

D. LEONOR – Não me lembrava do sobrinho. Vá lá; aturemos o botânico. (*sai pela porta do fundo, à esquerda*)

Cena II

D. HELENA, D. CECÍLIA

D. HELENA – Não me agradece?

D. CECÍLIA – O quê?

D. HELENA – Sonsa! Pois não adivinhas o que vem cá fazer o barão?

D. CECÍLIA – Não.

D. HELENA – Vem pedir a tua mão para o sobrinho.

D. CECÍLIA – Helena!

D. HELENA (*imitando-a*) – Helena!

D. CECÍLIA – Juro...

D. HELENA – Que o não amas.

D. CECÍLIA – Não é isso.

D. HELENA – Que o amas?

D. CECÍLIA – Também não.

D. HELENA – Mau! Alguma coisa há de ser. *Il faut qu'une porte soit ouverte ou fermée.* Porta neste caso é coração. O teu coração há de estar fechado ou aberto...

D. CECÍLIA – Perdi a chave.

Lição de botânica

D. HELENA (*rindo*) – E não o podes fechar outra vez. São assim todos os corações ao pé de todos os Henriques. O teu Henrique viu a porta aberta, e tomou posse do lugar. Não escolheste mal, não; é um bonito rapaz.

D. CECÍLIA – Oh! uns olhos!

D. HELENA – Azuis.

D. CECÍLIA – Como o céu.

D. HELENA – Louro...

D. CECÍLIA – Elegante...

D. HELENA – Espirituoso...

D. CECÍLIA – E bom.

D. HELENA – Uma pérola... (*suspira*) Ah!

D. CECÍLIA – Suspiras?

D. HELENA – Que há de fazer uma viúva falando... de uma pérola?

D. CECÍLIA – Oh! tens naturalmente em vista algum diamante de primeira grandeza.

D. HELENA – Não tenho, não; meu coração já não quer joias.

D. CECÍLIA – Mas as joias querem o teu coração.

D. HELENA – Tanto pior para elas: hão de ficar em casa do joalheiro.

D. CECÍLIA – Veremos isso. (*sobe*) Ah!

D. HELENA – Que é?

D. CECÍLIA (*olhando para a direita*) – Um homem desconhecido que lá vem; há de ser o barão.

D. HELENA – Vou avisar titia. (*sai pelo fundo, à esquerda*)

Cena III

D. CECÍLIA, BARÃO

D. CECÍLIA – Será deveras ele? Estou trêmula... Henrique não me avisou de nada... Virá pedir-me?... Mas não, não, não pode ser ele... Tão moço!... (*o barão aparece*)

BARÃO (*à porta, depois de profunda cortesia*) – Creio que a Excelentíssima Sra. D. Leonor Gouvêa recebeu uma carta... Vim sem esperar a resposta.

D. CECÍLIA – É o Sr. barão Sigismundo de Kernoberg? (*o barão faz um gesto afirmativo*) Recebeu. Queira entrar e sentar-se. (*à parte*) Devo estar vermelha...

BARÃO (*à parte, olhando para Cecília*) – Há de ser esta.

D. CECÍLIA (*à parte*) – E titia não vem... Que demora!... Não sei que lhe diga... estou tão vexada... (*o barão tira um livro da algibeira e folheia-o*) Se eu pudesse deixá-lo... É o que vou fazer. (*sobe*)

BARÃO (*fechando o livro e erguendo-se*) – V. Exa. há de desculpar-me. Recebi hoje mesmo este livro da Europa; é obra que vai fazer revolução na ciência; nada menos que uma monografia das gramíneas, premiada pela Academia de Estocolmo.

D. CECÍLIA – Sim? (*à parte*) Aturemo-lo, pode vir a ser meu tio.

BARÃO – As gramíneas têm ou não têm perianto? A princípio adotou-se a negativa, posteriormente... V. Exa. talvez não conheça o que é o perianto...

D. CECÍLIA – Não, senhor.

BARÃO – Perianto compõe-se de duas palavras gregas: *peri*, em volta, e *anthos*, flor.

D. CECÍLIA – O invólucro da flor.

BARÃO – Acertou. É o que vulgarmente se chama cálice. Pois as gramíneas eram tidas... (*aparece D. Leonor ao fundo*) Ah!

Cena IV

Os mesmos, D. LEONOR

D. LEONOR – Desejava falar-me?

BARÃO – Se me dá essa honra. Vim sem esperar resposta à minha carta. Dez minutos apenas.

D. LEONOR – Estou às suas ordens.

D. CECÍLIA – Com licença. (*à parte, olhando para o céu*) Ah! minha Nossa Senhora! (*retira-se pelo fundo*)

Cena V

D. LEONOR, BARÃO

(*D. Leonor senta-se, fazendo um gesto ao Barão que a imita*)

BARÃO – Sou o barão Sigismundo de Kernoberg, seu vizinho, botânico de vocação, profissão e tradição, membro da Academia de Estocolmo, e comissionado pelo governo da Suécia para estudar a flora da América do Sul. V. Exa. dispensa a minha biografia? (*D. Leonor faz um gesto afirmativo*) Direi somente que o tio de meu tio foi botânico, meu tio botânico, eu botânico, e meu sobrinho há de ser botânico. Todos somos botânicos de tios a sobrinhos. Isto de algum modo explica minha vinda a esta casa.

D. LEONOR – Oh! o meu jardim é composto de plantas vulgares.

BARÃO (*gracioso*) – É porque as melhores flores da casa estão dentro de casa. Mas V. Exa. engana-se; não venho pedir nada do seu jardim.

D. LEONOR – Ah!

BARÃO – Venho pedir-lhe uma coisa que lhe há de parecer singular.

D. LEONOR – Fale.

BARÃO – O padre desposa a igreja; eu desposei a ciência. Saber é o meu estado conjugal; os livros são a minha família. Numa palavra, fiz voto de celibato.

D. LEONOR – Não se case.

BARÃO – Justamente. Mas, V. Exa. compreende que, sendo para mim ponto de fé que a ciência não se dá bem com o matrimônio, nem eu devo casar, nem... V. Exa. já percebeu.

D. LEONOR – Coisa nenhuma.

BARÃO – Meu sobrinho Henrique anda estudando comigo os elementos da botânica. Tem talento, há de vir a ser um luminar da ciência. Se o casamos, está perdido.

D. LEONOR – Mas...

BARÃO (*à parte*) – Não entendeu. (*alto*) Sou obrigado a ser mais franco. Henrique anda apaixonado por uma de suas sobrinhas, creio que esta que saiu daqui, há pouco. Impus-lhe que não voltasse a esta casa; ele resistiu-me. Só me resta um meio: é que V. Exa. lhe feche a porta.

D. LEONOR – Sr. barão!

BARÃO – Admira-se do pedido? Creio que não é polido nem conveniente. Mas é necessário, minha senhora, é indispensável. A ciência precisa de mais um obreiro: não o encadeiemos no matrimônio.

D. LEONOR – Não sei se devo sorrir do pedido...

BARÃO – Deve sorrir, sorrir e fechar-nos a porta. Terá os meus agradecimentos e as bênçãos da posteridade.

D. LEONOR (*sorrindo*) – Não é preciso tanto; posso fechá-la de graça.

BARÃO – Justo. O verdadeiro benefício é gratuito.

D. LEONOR – Antes, porém, de nos despedirmos, desejava dizer uma coisa e perguntar outra. (*o barão curva-se*) Direi primeiramente que ignoro se há tal paixão da parte de seu sobrinho; em segundo lugar, perguntarei se na Suécia estes pedidos são usuais.

BARÃO – Na geografia intelectual não há Suécia nem Brasil; os países são outros: astronomia, geologia, matemáticas; na botânica, são obrigatórios.

D. LEONOR – Todavia, à força de andar com flores... deviam os botânicos trazê-las consigo.

BARÃO – Ficam no gabinete.

D. LEONOR – Trazem os espinhos somente.

BARÃO – V. Exa. tem espírito. Compreendo a afeição de Henrique a esta casa. (*levanta-se*) Promete-me então...

D. LEONOR (*levantando-se*) – Que faria no meu caso?

BARÃO – Recusava.

D. LEONOR – Com prejuízo da ciência?

BARÃO – Não, porque nesse caso a ciência mudaria de acampamento, isto é, o vizinho prejudicado escolheria outro bairro para seus estudos.

D. LEONOR – Não lhe parece que era melhor ter feito isso mesmo, antes de arriscar um pedido ineficaz?

BARÃO – Quis primeiro tentar fortuna.

Cena VI

D. LEONOR, BARÃO, D. HELENA

D. HELENA (*entra e para*) – Ah!

D. LEONOR – Entra, não é assunto reservado. O Sr. barão de Kernoberg... (*ao barão*) É minha sobrinha Helena. (*à Helena*) Aqui o Sr. barão vem pedir que o não perturbemos no estudo da botânica. Diz que seu sobrinho Henrique está destinado a um lugar honroso na ciência, e... Conclua, Sr. barão.

BARÃO – Não convém que se case, a ciência exige o celibato.

D. LEONOR – Ouviste?

D. HELENA – Não compreendo...

BARÃO – Uma paixão louca de meu sobrinho pode impedir que... Minhas senhoras, não desejo roubar-lhes mais tempo... Confio em V. Exa., minha senhora... Ser-lhe-ei eternamente grato. Minhas senhoras. (*faz uma grande cortesia e sai*)

Cena VII

D. HELENA, D. LEONOR

D. LEONOR (*rindo*) – Que urso!

D. HELENA – Realmente...

D. LEONOR – Perdoo-lhe em nome da ciência. Fique com as suas ervas, e não nos aborreça mais, nem ele nem o sobrinho.

D. HELENA – Nem o sobrinho?

D. LEONOR – Nem o sobrinho, nem o criado, nem o cão, se o houver, nem coisa nenhuma que tenha relação com a ciência. Enfada-te? Pelo que vejo, entre o Henrique e a Cecília há tal ou qual namoro?

D. HELENA – Se promete segredo... há.

D. LEONOR – Pois acabe-se o namoro.

D. HELENA – Não é fácil. O Henrique é um perfeito cavalheiro; ambos são dignos um do outro. Por que razão impedirmos que dois corações...

D. LEONOR – Não sei de corações, não hão de faltar casamentos a Cecília.

D. HELENA – Certamente que não, mas os casamentos não se improvisam nem se projetam na cabeça; são atos do coração, que a igreja santifica. Tentemos uma coisa.

D. LEONOR – Que é?

D. HELENA – Reconciliemo-nos com o barão.

D. LEONOR – Nada, nada.

D. HELENA – Pobre Cecília!

D. LEONOR – É ter paciência, sujeite-se às circunstâncias... (*a D. Cecília, que entra*) Ouviste?

D. CECÍLIA – O que, titia?

D. LEONOR – Helena te explicará tudo. (*a D. Helena, baixo*) Tira-lhe todas as esperanças. (*indo-se*) Que urso! Que urso!

Cena VIII

D. HELENA, D. CECÍLIA

D. CECÍLIA – Que aconteceu?

D. HELENA – Aconteceu... (*olha com tristeza para ela*)

D. CECÍLIA – Acaba.

D. HELENA – Pobre Cecília!

D. CECÍLIA – Titia recusou a minha mão?

D. HELENA – Qual! O barão é que se opõe ao casamento.

D. CECÍLIA – Opõe-se!

D. HELENA – Diz que a ciência exige o celibato do sobrinho. (*D. Cecília encosta-se a uma cadeira*) Mas, sossega; nem tudo está perdido; pode ser que o tempo...

D. CECÍLIA – Mas quem impede que ele estude?

D. HELENA – Mania de sábio. Ou então, evasiva do sobrinho.

D. CECÍLIA – Oh! não! é impossível; Henrique é uma alma angélica! Respondo por ele. Há de certamente opor-se a semelhante exigência...

D. HELENA – Não convém precipitar as coisas. O barão pode zangar-se e ir-se embora.

D. CECÍLIA – Que devo então fazer?

D. HELENA – Esperar. Há tempo para tudo.

D. CECÍLIA – Pois bem, quando Henrique vier...

D. HELENA – Não vem, titia resolveu fechar a porta a ambos.

D. CECÍLIA – Impossível!

D. HELENA – Pura verdade. Foi uma exigência do barão.

D. CECÍLIA – Ah! conspiram todos contra mim. (*põe as mãos na cabeça*) Sou muito infeliz! Que mal fiz eu a essa gente? Helena, salva-me! Ou eu mato-me! Anda, vê se descobres um meio...

D. HELENA (*indo sentar-se*) – Que meio?

D. CECÍLIA (*acompanhando-a*) – Um meio qualquer que não nos separe!

D. HELENA (*sentada*) – Há um.

D. CECÍLIA – Qual? Dize.

D. HELENA – Casar.

D. CECÍLIA – Oh! não zombes de mim! Tu também amaste, Helena; deves respeitar estas angústias. Não tornar a ver o meu Henrique é uma ideia intolerável. Anda, minha irmãzinha. (*ajoelha-se inclinando o corpo sobre o regaço de D. Helena*) Salva-me! És tão inteligente, que hás de achar por força alguma ideia; anda, pensa!

D. HELENA (*beijando-lhe a testa*) – Criança! supões que seja coisa tão fácil assim?

D. CECÍLIA – Para ti há de ser fácil.

D. HELENA – Lisonjeira! (*pega maquinalmente no livro deixado pelo barão sobre a cadeira*) A boa vontade não pode tudo; é preciso... (*tem aberto o livro*) Que livro é este?... Ah! talvez do barão.

D. CECÍLIA – Mas vamos... continua.

D. HELENA – Isto há de ser sueco... trata talvez de botânica. Sabes sueco?

D. CECÍLIA – Helena!

D. HELENA – Quem sabe se este livro pode salvar tudo? (*depois de um instante de reflexão*) Sim, é possível! Tratará de botânica?

D. CECÍLIA – Trata.

D. HELENA – Quem te disse?

D. CECÍLIA – Ouvi dizer ao barão, trata das...

D. HELENA – Das...

D. CECÍLIA – Das gramíneas?

D. HELENA – Só das gramíneas?

D. CECÍLIA – Não sei; foi premiado pela Academia de Estocolmo.

D. HELENA – De Estocolmo. Bem. (*levanta-se*)

D. CECÍLIA (*levantando-se*) – Mas que é?

D. HELENA – Vou mandar-lhe o livro...

D. CECÍLIA – Que mais?

D. HELENA – Com um bilhete.

D. CECÍLIA (*olhando para a direita*) – Não é preciso; lá vem ele.

D. HELENA – Ah!

D. CECÍLIA – Que vai fazer?

D. HELENA – Dar-lhe o livro.

D. CECÍLIA – O livro, e...

D. HELENA – E as despedidas.

D. CECÍLIA – Não compreendo.

D. HELENA – Espera e verás.

D. CECÍLIA – Não posso encará-lo; adeus.

D. HELENA – Cecília! (*D. Cecília sai*)

Cena IX

D. HELENA, BARÃO

BARÃO (*à porta*) – Perdão, minha senhora, eu trazia um livro há pouco...

D. HELENA (*com o livro na mão*) – Será este?

BARÃO (*caminhando para ela*) – Justamente.

D. HELENA – Escrito em sueco, penso eu...

BARÃO – Em sueco.

D. HELENA – Trata naturalmente de botânica.

BARÃO – Das gramíneas.

D. HELENA (*com interesse*) – Das gramíneas!

BARÃO – De que se espanta?

D. HELENA – Um livro publicado...

BARÃO – Há quatro meses.

D. HELENA – Premiado pela Academia de Estocolmo?

BARÃO (*admirado*) – É verdade. Mas...

D. HELENA – Que pena que eu não saiba sueco!

BARÃO – Tinha notícia do livro?

D. HELENA – Certamente. Ando ansiosa por lê-lo.

BARÃO – Perdão, minha senhora. Sabe botânica?

D. HELENA – Não ouso dizer que sim, estudo alguma coisa; leio quando posso. É ciência profunda e encantadora.

BARÃO (*com calor*) – É a primeira de todas.

D. HELENA – Não me atrevo a apoiá-lo, porque nada sei das outras e poucas luzes tenho de botânica, apenas as que pode dar um estudo solitário e deficiente. Se a vontade suprisse o talento...

BARÃO – Por que não? *Le génie, c'est la patience*, dizia Buffon.

D. HELENA (*sentando-se*) – Nem sempre.

BARÃO – Realmente, estava longe de supor que, tão perto de mim, uma pessoa tão distinta dava algumas horas vagas ao estudo da minha bela ciência.

D. HELENA – Da sua esposa.

BARÃO (*sentando-se*) – É verdade. Um marido pode perder a mulher, e se a amar deveras, nada a compensará neste mundo, ao passo que a ciência não morre... Morremos nós, ela sobrevive com todas as graças do primeiro dia, ou ainda maiores, porque cada descoberta é um encanto novo.

D. HELENA – Oh! tem razão!

BARÃO – Mas, diga-me V. Exa.: tem feito estudo especial das gramíneas?

D. HELENA – Por alto... por alto...

BARÃO – Contudo, sabe que a opinião dos sábios não admitia o perianto... (*D. Helena faz sinal afirmativo*) Posteriormente reconheceu-se a existência do perianto. (*novo gesto de D. Helena*) Pois este livro refuta a segunda opinião.

D. HELENA – Refuta o perianto?

BARÃO – Completamente.

D. HELENA – Acho temeridade.

BARÃO – Também eu supunha isso... Li-o, porém, e a demonstração é claríssima. Tenho pena que não possa lê-lo. Se me dá licença, farei uma tradução portuguesa e daqui a duas semanas...

D. HELENA – Não sei se deva aceitar...

BARÃO – Aceite; é o primeiro passo para me não recusar segundo pedido.

D. HELENA – Qual?

BARÃO – Que me deixe acompanhá-la em seus estudos, repartir o pão do saber com V. Exa. É a primeira vez que a fortuna me depara uma discípula. Discípula é, talvez, ousadia da minha parte...

D. HELENA – Ousadia, não; eu sei muito pouco; posso dizer que não sei nada.

BARÃO – A modéstia é o aroma do talento, como o talento é o esplendor da graça. V. Exa. possui tudo isso. Posso compará-la à violeta – *viola odorata* de Lineu –, que é formosa e recatada...

D. HELENA (*interrompendo*) – Pedirei licença à minha tia. Quando será a primeira lição?

BARÃO – Quando quiser. Pode ser amanhã. Tem certamente notícia da anatomia vegetal...

D. HELENA – Notícia incompleta.

BARÃO – Da fisiologia?

D. HELENA – Um pouco menos.

BARÃO – Nesse caso, nem a taxonomia, nem a fitografia...

D. HELENA – Não fui até lá.

BARÃO – Mas há de ir... Verá que mundos novos se lhe abrem diante do espírito. Estudaremos, uma por uma, todas as famílias, as orquídeas, as jasmíneas, as rubiáceas, as oleáceas, as narcíseas, as umbelíferas, as...

D. HELENA – Tudo, desde que se trate de flores.

BARÃO – Compreendo: amor de família.

D. HELENA – Bravo! um cumprimento!

BARÃO (*folheando o livro*) – A ciência os permite.

D. HELENA (*à parte*) – O mestre é perigoso. (*alto*) Tinham-me dito exatamente o contrário; disseram-me que o Sr. barão era... não sei como diga... era...

BARÃO – Talvez um urso.

D. HELENA – Pouco mais ou menos.

BARÃO – E sou.

D. HELENA – Não creio.

BARÃO – Por que não crê?

D. HELENA – Porque o vejo amável.

BARÃO – Suportável apenas.

D. HELENA – Demais, imaginava-o uma figura muito diferente, um velho macilento, melenas caídas, olhos encovados.

BARÃO – Estou velho, minha senhora.

D. HELENA – Trinta e seis anos.

BARÃO – Trinta e nove.

D. HELENA – Plena mocidade.

BARÃO – Velho para o mundo. Que posso eu dar ao mundo senão a minha prosa científica?

D. HELENA – Só uma coisa lhe acho inaceitável.

BARÃO – Que é?

D. HELENA – A teoria de que o amor e a ciência são incompatíveis.

BARÃO – Oh! isso...

D. HELENA – Dá-se o espírito à ciência e o coração ao amor. São territórios diferentes, ainda que limítrofes.

BARÃO – Um acaba por anexar o outro.

D. HELENA – Não creio.

BARÃO – O casamento é uma bela coisa, mas o que faz bem a uns, pode fazer mal a outros. Sabe que Mafoma não permite o uso do vinho

Lição de botânica

aos seus sectários. Que fazem os turcos? Extraem o suco de uma planta, da família das papaveráceas, bebem-no, e ficam alegres. Esse licor, se nós o bebêssemos, matar-nos-ia. O casamento, para nós, é o vinho turco.

D. HELENA (*erguendo os ombros*) – Comparação não é argumento. Demais, houve e há sábios casados.

BARÃO – Que seriam mais sábios se não fossem casados.

D. HELENA – Não fale assim. A esposa fortifica a alma do sábio. Deve ser um quadro delicioso para o homem que despende as suas horas na investigação da natureza, fazê-lo ao lado da mulher que o ampara e anima, testemunha de seus esforços, sócia de suas alegrias, atenta, dedicada, amorosa. Será vaidade de sexo? Pode ser, mas eu creio que o melhor prêmio do mérito é o sorriso da mulher amada. O aplauso público é mais ruidoso, mas muito menos tocante que a aprovação doméstica.

BARÃO (*depois de um instante de hesitação e luta*) – Falemos da nossa lição.

D. HELENA – Amanhã, se minha tia consentir. (*levanta-se*) Até amanhã, não?

BARÃO – Hoje mesmo, se o ordenar.

D. HELENA – Acredita que não perderei o tempo?

BARÃO – Estou certo que não.

D. HELENA – Serei acadêmica de Estocolmo?

BARÃO – Conto que terei essa honra.

D. HELENA (*cortejando*) – Até amanhã.

BARÃO (*o mesmo*) – Minha senhora! (*D. Helena sai pelo fundo, esquerda, o barão caminha para a direita, mas volta para buscar o livro que ficara sobre a cadeira ou sofá*)

Cena X

BARÃO, D. LEONOR

BARÃO (*pensativo*) – Até amanhã! Devo eu cá voltar? Talvez não devesse, mas é interesse da ciência... a minha palavra empenhada... O pior de tudo é que a discípula é graciosa e bonita. Nunca tive discípula, ignoro até que ponto é perigoso... Ignoro? Talvez não... (*põe a mão no peito*) Que é isto... (*resoluto*) Não, sicambro! Não hás de adorar o que queimaste! Eia, volvamos às flores e deixemos esta casa para sempre. (*entra D. Leonor*)

D. LEONOR (*vendo o barão*) – Ah!

BARÃO – Voltei há dois minutos; vim buscar este livro. (*cumprimentando*) Minha senhora!

D. LEONOR – Sr. barão!

BARÃO (*vai até à porta e volta*) – Creio que V. Exa. não me fica querendo mal?

D. LEONOR – Certamente que não.

BARÃO (*cumprimentando-a*) – Minha senhora!

D. LEONOR (*idem*) – Sr. barão!

BARÃO (*vai até à porta e volta*) – A senhora D. Helena não lhe falou agora?

D. LEONOR – Sobre quê?

BARÃO – Sobre umas lições de botânica...

D. LEONOR – Não me falou em nada...

BARÃO (*cumprimentando*) – Minha senhora!

D. LEONOR (*idem*) – Sr. barão! (*barão sai*) Que esquisitão! Valia a pena cultivá-lo de perto.

BARÃO (*reaparecendo*) – Perdão...

D. LEONOR – Ah! Que manda?

BARÃO (*aproxima-se*) – Completo a minha pergunta. A sobrinha de V. Exa. falou-me em receber algumas lições de botânica. V. Exa. consente? (*pausa*) Há de parecer-lhe esquisito este pedido, depois do que tive a honra de fazer-lhe há pouco...

D. LEONOR – Sr. barão, no meio de tantas cópias e imitações humanas...

BARÃO – Eu acabo: sou original.

D. LEONOR – Não ouso dizê-lo.

BARÃO – Sou; noto, entretanto, que a observação de V. Exa. não responde à minha pergunta.

D. LEONOR – Bem sei; por isso mesmo é que a fiz.

BARÃO – Nesse caso...

D. LEONOR – Nesse caso, deixe-me refletir.

BARÃO – Cinco minutos?

D. LEONOR – Vinte e quatro horas.

BARÃO – Nada menos?

D. LEONOR – Nada menos.

BARÃO (*cumprimentando*) – Minha senhora!

D. LEONOR (*idem*) – Sr. barão! (*sai o barão*)

Cena XI

D. LEONOR, D. CECÍLIA

D. LEONOR – Singular é ele, mas não menos singular é a ideia de Helena. Para que quererá ela aprender botânica?

D. CECÍLIA (*entrando*) – Helena! (*D. Leonor volta-se*) Ah! é titia.

D. LEONOR – Sou eu.

D. CECÍLIA – Onde está Helena?

D. LEONOR – Não sei, talvez lá em cima. (*D. Cecília dirige-se para o fundo*) Onde vais?...

D. CECÍLIA – Vou...

D. LEONOR – Acaba.

D. CECÍLIA – Vou consertar o penteado.

D. LEONOR – Vem cá; conserto eu. (*D. Cecília aproxima-se de D. Leonor*) Não é preciso, está excelente. Dize-me: estás muito triste?

D. CECÍLIA (*muito triste*) – Não, senhora; estou alegre.

D. LEONOR – Mas, Helena disse-me que tu...

D. CECÍLIA – Foi gracejo.

D. LEONOR – Não creio; tens alguma coisa que te aflige; hás de contar-me tudo.

D. CECÍLIA – Não posso.

D. LEONOR – Não tens confiança em mim?

D. CECÍLIA – Oh! toda!

D. LEONOR – Pois eu exijo... (*vendo Helena, que aparece à porta do fundo, esquerda*) Ah! chegas a propósito.

Cena XII

D. LEONOR, D. CECÍLIA, D. HELENA

D. HELENA – Para quê?

D. LEONOR – Explica-me que história é essa que me contou o barão?

D. CECÍLIA (*com curiosidade*) – O barão?

D. LEONOR – Parece que estás disposta a estudar botânica.

D. HELENA – Estou.

D. CECÍLIA (*sorrindo*) – Com o barão?

D. HELENA – Com o barão.

D. LEONOR – Sem o meu consentimento?

D. HELENA – Com o seu consentimento.

D. LEONOR – Mas de que te serve saber botânica?

D. HELENA – Serve para conhecer as flores dos meus *bouquets*, para não confundir jasmíneas com rubiáceas, nem bromélias com umbelíferas.

D. LEONOR – Com quê?

D. HELENA – Umbelíferas.

D. LEONOR – Umbe...

D. HELENA – ...líferas. Umbelíferas.

D. LEONOR – Virgem santa! E que ganhas tu com esses nomes bárbaros?

D. HELENA – Muita coisa.

D. CECÍLIA (*à parte*) – Boa Helena! Compreendo tudo.

D. HELENA – O perianto, por exemplo; a senhora talvez ignore a questão do perianto... a questão das gramíneas...

D. LEONOR – E dou graças a Deus!

D. CECÍLIA (*animada*) – Oh! deve ser uma questão importantíssima!

D. LEONOR (*espantada*) – Também tu!

D. CECÍLIA – Só o nome! Perianto. É nome grego, titia; um delicioso nome grego. (*à parte*) Estou morta por saber do que se trata.

D. LEONOR – Vocês fazem-me perder o juízo! Aqui andam bruxas, decerto. Perianto de um lado, bromélias de outro; uma língua de gentios, avessa à gente cristã. Que quer dizer tudo isso?

D. CECÍLIA – Quer dizer que a ciência é uma grande coisa, e que não há remédio senão adorar a botânica.

D. LEONOR – Que mais?

D. CECÍLIA – Que mais? Quer dizer que a noite de hoje há de estar deliciosa, e poderemos ir ao teatro lírico. Vamos, sim? Amanhã é o baile do conselheiro, e sábado o casamento da Júlia Marcondes. Três dias de festas! Prometo divertir-me muito, muito, muito. Estou tão contente! Ria-se, titia, ria-se e dê-me um beijo!

D. LEONOR – Não dou, não, senhora. Minha opinião é contra a botânica, e isto mesmo vou escrever ao barão.

D. HELENA – Reflita primeiro; basta amanhã!

D. LEONOR – Há de ser hoje mesmo! Esta casa está ficando muito sueca; voltemos a ser brasileiras. Vou escrever ao urso. Acompanha-me, Cecília; hás de contar-me o que há. (*saem*)

Cena XIII

D. HELENA, BARÃO

D. HELENA – Cecília deitou tudo a perder... Não se pode fazer nada com crianças... Tanto pior para ela. (*pausa*) Quem sabe se tanto melhor para mim? Pode ser. Aquele professor não é assaz velho, como convinha. Além disso, há nele um ar de diamante bruto, uma alma apenas coberta pela crosta científica, mas cheia de fogo e luz. Se eu viesse a arder ou cegar... (*levanta os ombros*) Que ideia! Não passa de um urso, como titia lhe chama, um urso com patas de rosas.

BARÃO (*aproximando-se*) – Perdão, minha senhora. Ao atravessar a chácara, ia pensando no nosso acordo, e, sinto dizê-!o, mudei de resolução.

D. HELENA – Mudou?

BARÃO (*aproximando-se*) – Mudei.

D. HELENA – Pode saber-se o motivo?

BARÃO – São três. O primeiro é o meu pouco saber... Ri-se?

D. HELENA – De incredulidade. O segundo motivo...

BARÃO – O segundo motivo é o meu gênio áspero e despótico.

D. HELENA – Vejamos o terceiro.

BARÃO – O terceiro é a sua idade. Vinte e um anos, não?

D. HELENA – Vinte e dois.

BARÃO – Solteira?

D. HELENA – Viúva.

BARÃO – Perpetuamente viúva?

D. HELENA – Talvez.

BARÃO – Nesse caso, quarto motivo: a sua viuvez perpétua.

D. HELENA – Conclusão: todo o nosso acordo está desfeito.

BARÃO – Não digo que esteja; só por mim não o posso romper. V. Exa. porém avaliará as razões que lhe dou, e decidirá se ele deve ser mantido.

D. HELENA – Suponha que respondo afirmativamente.

BARÃO – Paciência! obedecerei.

D. HELENA – De má vontade?

BARÃO – Não; mas com grande desconsolação.

D. HELENA – Pois, Sr. barão, não desejo violentá-lo; está livre.

BARÃO – Livre, e não menos desconsolado.

D. HELENA – Tanto melhor!

BARÃO – Como assim?

D. HELENA – Nada mais simples: vejo que é caprichoso e incoerente.

BARÃO – Incoerente, é verdade.

D. HELENA – Irei procurar outro mestre.

BARÃO – Outro mestre! Não faça isso.

D. HELENA – Por quê?

BARÃO – Porque... (*pausa*) V. Exa. é inteligente bastante para dispensar mestres.

D. HELENA – Quem lho disse?

BARÃO – Adivinha-se.

D. HELENA – Bem; irei queimar os olhos nos livros.

BARÃO – Oh! seria estragar as mais belas flores do mundo!

D. HELENA (*sorrindo*) – Mas então nem mestres nem livros.

BARÃO – Livros, mas aplicação moderada. A ciência não se colhe de afogadilho; é preciso penetrá-la com segurança e cautela.

D. HELENA – Obrigada. (*estendendo-lhe a mão*) E visto que me recusa as suas lições, adeus.

BARÃO – Já!

D. HELENA – Pensei que queria retirar-se.

BARÃO – Queria e custa-me. Em todo o caso, não desejava sair sem que V. Exa. me dissesse francamente o que pensa de mim. Bem ou mal?

D. HELENA – Bem e mal.

BARÃO – Pensa então...

D. HELENA – Penso que é inteligente e bom, mas caprichoso e egoísta.

BARÃO – Egoísta!

D. HELENA – Em toda a força da expressão. (*senta-se*) Por egoísmo – científico, é verdade –, opõe-se às afeições de seu sobrinho; por egoísmo, recusa-me as suas lições. Creio que o Sr. barão nasceu para mirar-se no vasto espelho da natureza, a sós consigo, longe do mundo e seus enfados. Aposto que, desculpe a indiscrição da pergunta – aposto que nunca amou?

BARÃO – Nunca.

D. HELENA – De maneira que nunca uma flor teve a seus olhos outra aplicação, além do estudo?

BARÃO – Engana-se.

D. HELENA – Sim?

BARÃO – Depositei algumas coroas de goivos no túmulo de minha mãe.

D. HELENA – Ah!

BARÃO – Há em mim alguma coisa mais do que eu mesmo. Há a poesia das afeições por baixo da prova científica. Não a ostento, é verdade; mas sabe V. Exa. o que tem sido a minha vida? Um claustro. Cedo perdi o que havia mais caro: a família. Desposei a ciência, que me tem servido de alegrias, consolações e esperanças. Deixemos, porém, tão tristes memórias...

D. HELENA – Memórias de homem; até aqui eu só via o sábio.

BARÃO – Mas o sábio reaparece e enterra o homem. Volto à vida vegetativa... se me é lícito arriscar um trocadilho em português, que eu não sei bem se o é. Pode ser que não passe de aparência. Todo eu sou aparências, minha senhora, aparências de homem, de linguagem e até de ciência...

D. HELENA – Quer que o elogie?

BARÃO – Não; desejo que me perdoe.

D. HELENA – Perdoar-lhe o quê?

BARÃO – A incoerência de que me acusava há pouco.

D. HELENA – Tanto perdoo que o imito. Mudo igualmente de resolução, e dou de mão ao estudo.

BARÃO – Não faça isso!

D. HELENA – Não lerei uma só linha de botânica, que é a mais aborrecível ciência do mundo.

BARÃO – Mas o seu talento...

D. HELENA – Não tenho talento; tinha curiosidade.

BARÃO – É a chave do saber.

D. HELENA – Que monta isso? A porta fica tão longe!

BARÃO – É certo, mas o caminho é de flores.

D. HELENA – Com espinhos.

BARÃO – Eu lhe quebrarei os espinhos.

D. HELENA – De que modo?

BARÃO – Serei seu mestre.

D. HELENA (*levanta-se*) – Não! Respeito os seus escrúpulos. Subsistem, penso eu, os motivos que alegou. Deixe-me ficar na minha ignorância.

BARÃO – É a última palavra de V. Exa.?

D. HELENA – Última.

BARÃO (*com ar de despedida*) – Nesse caso... aguardo as suas ordens.

D. HELENA – Que se não esqueça de nós.

BARÃO – Crê possível que me esquecesse?

D. HELENA – Naturalmente: um conhecimento de vinte minutos.

BARÃO – O tempo importa pouco ao caso. Não me esquecerei nunca mais destes vinte minutos, os melhores da minha vida, os primeiros que hei realmente vivido. A ciência não é tudo, minha senhora. Há alguma coisa mais, além do espírito, alguma coisa essencial ao homem, e...

D. HELENA – Repare, Sr. barão, que está falando à sua ex-discípula.

BARÃO – A minha ex-discípula tem coração, e sabe que o mundo intelectual é estreito para conter o homem todo; sabe que a vida moral é uma necessidade do ser pensante.

D. HELENA – Não passemos da botânica à filosofia, nem tanto à terra, nem tanto ao céu. O que o Sr. barão quer dizer, em boa e mediana prosa, é que estes vinte minutos de palestra não o enfadaram de todo. Eu digo a mesma coisa. Pena é que fossem só vinte minutos, e que o Sr. barão volte às suas amadas plantas; mas é força ir ter com elas, não quero tolher-lhe os passos. Adeus! (*inclinando-se como a despedir-se*)

BARÃO (*cumprimentando*) – Minha senhora! (*Caminha até à porta e para*) Não transporei mais esta porta?

D. HELENA – Já a fechou por suas próprias mãos.

BARÃO – A chave está nas suas.

D. HELENA (*olhando para as mãos*) – Nas minhas?

BARÃO (*aproximando-se*) – Decerto.

D. HELENA – Não a vejo.

BARÃO – É a esperança. Dê-me a esperança de que...

D. HELENA (*depois de uma pausa*) – A esperança de que...

BARÃO – A esperança de que... a esperança de...

D. HELENA (*que tem tirado uma flor de um vaso*) – Creio que lhe será mais fácil definir esta flor.

BARÃO – Talvez.

D. HELENA – Mas não é preciso dizer mais: adivinhei-o.

BARÃO (*alvoroçado*) – Adivinhou?

D. HELENA – Adivinhei que queria a todo o transe ser meu mestre.

BARÃO (*friamente*) – É isso.

D. HELENA – Aceito.

BARÃO – Obrigado.

D. HELENA – Parece-me que ficou triste?...

BARÃO – Fiquei, pois que só adivinhou metade do meu pensamento. Não adivinhou que eu... por que o não direi? di-lo-ei francamente... Não adivinhou que...

D. HELENA – Que...

BARÃO (*depois de alguns esforços para falar*) – Nada... nada...

D. LEONOR (*dentro*) – Não admito!

Cena XIV

D. HELENA, BARÃO, D. LEONOR, D. CECÍLIA

D. CECÍLIA (*entrando pelo fundo com D. Leonor*) – Mas titia...

D. LEONOR – Não admito, já disse! Não te faltam casamentos. (*vendo o barão*) Ainda aqui!

BARÃO – Ainda e sempre, minha senhora.

D. LEONOR – Nova originalidade.

BARÃO – Oh! não! A coisa mais vulgar do mundo. Refleti, minha senhora, e venho pedir para meu sobrinho a mão de sua encantadora sobrinha. (*gesto de Cecília*)

D. LEONOR – A mão de Cecília!

D. CECÍLIA – Que ouço!

BARÃO – O que eu lhe pedia há pouco era uma extravagância, um ato de egoísmo e violência, além de descortesia que era, e que V. Exa. me perdoou, atendendo à singularidade das minhas maneiras. Vejo tudo isso agora...

D. LEONOR – Não me oponho ao casamento, se for do agrado de Cecília.

D. CECÍLIA (*baixo a D. Helena*) – Obrigada! Foste tu...

D. LEONOR – Vejo que o Sr. barão refletiu.

BARÃO – Não foi só reflexão, foi também resolução.

D. LEONOR – Resolução?

BARÃO (*gravemente*) – Minha senhora, atrevo-me a fazer outro pedido.

D. LEONOR – Ensinar botânica a Helena? Já me deu vinte e quatro horas para responder.

BARÃO – Peço-lhe mais do que isso; V. Exa. que é, por assim dizer, irmã mais velha de sua sobrinha, pode intervir junto dela para... (*pausa*)

D. LEONOR – Para...

D. HELENA – Acabo eu. O que o Sr. barão deseja é a minha mão.

BARÃO – Justamente!

D. LEONOR (*espantada*) – Mas... Não compreendo nada.

BARÃO – Não é preciso compreender; basta pedir.

D. HELENA – Não basta pedir; é preciso alcançar.

BARÃO – Não alcançarei?

D. HELENA – Dê-me três meses de reflexão.

BARÃO – Três meses é a eternidade.

D. HELENA – Uma eternidade de noventa dias.

BARÃO – Depois dela, a felicidade ou o desespero?

D. HELENA (*estendendo-lhe a mão*) – Está nas suas mãos a escolha. (*a D. Leonor*) Não se admire tanto, titia; tudo isto é botânica aplicada.

FIM DE "LIÇÃO DE BOTÂNICA"

Hoje avental, amanhã luva

Comédia em um ato imitada do
francês por Machado de Assis

PERSONAGENS

DURVAL
ROSINHA
BENTO

Rio de Janeiro – Carnaval de 1859.

(*sala elegante. Piano, canapé, cadeiras, uma jarra de flores em uma mesa à direita alta. Portas laterais no fundo*)

Cena I

ROSINHA (*adormecida no canapé*);
DURVAL (*entrando pela porta do fundo*)

DURVAL – Onde está a Sra. Sofia de Melo?... Não vejo ninguém. Depois de dois anos como venho encontrar estes sítios! Quem sabe se em vez da palavra dos cumprimentos deverei trazer a palavra dos epitáfios! Como tem crescido isto em opulência!... mas... (*vendo Rosinha*) Oh! Cá está a criadinha. Dorme!... excelente passatempo... Será adepta de Epicuro? Vejamos se a acordo... (*dá-lhe um beijo*)

ROSINHA (*acordando*) – Ah! Que é isto? (*levanta-se*) O Sr. Durval? Há dois anos que tinha desaparecido... Não o esperava.

DURVAL – Sim, sou eu, minha menina. Tua ama?

ROSINHA – Está ainda no quarto. Vou dizer-lhe que V. S. está cá. (*vai para entrar*) Mas, espere; diga-me uma coisa.

DURVAL – Duas, minha pequena. Estou à tua disposição. (*à parte*) Não é má coisinha!

ROSINHA – Diga-me. V. S. levou dois anos sem aqui pôr os pés: por que diabo volta agora sem mais nem menos?

DURVAL (*tirando o sobretudo que deita sobre o canapé*) – És curiosa. Pois sabe que venho para... para mostrar a Sofia que estou ainda o mesmo.

ROSINHA – Está mesmo? moralmente, não?

DURVAL – É boa! Tenho então alguma ruga que indique decadência física?

ROSINHA – Do físico... não há nada que dizer.

DURVAL – Pois do moral estou também no mesmo. Cresce com os anos o meu amor; e o amor é como o vinho do Porto: quanto mais velho, melhor. Mas tu! Tens mudado muito, mas como mudam as flores em botão: ficando mais bela.

ROSINHA – Sempre amável, Sr. Durval.

DURVAL – Costume da mocidade. (*quer dar-lhe um beijo*)

ROSINHA (*fugindo e com severidade*) – Sr. Durval!...

DURVAL – E então! Foges agora! Em outro tempo não eras difícil nas tuas beijocas. Ora vamos! Não tens uma amabilidade para este camarada que de tão longe volta!

ROSINHA – Não quero graças. Agora é outro cantar! Há dois anos eu era uma tola inexperiente..., mas hoje!

DURVAL – Está bem. Mas...

ROSINHA – Tenciona ficar aqui no Rio?

DURVAL (*sentando-se*) – Como o Corcovado, enraizado como ele. Já me doíam saudades desta boa cidade. A roça, não há coisa pior! Passei lá dois anos bem insípidos – em uma vida uniforme e matemática como um ponteiro de relógio: jogava gamão, colhia café e plantava batatas. Nem teatro lírico nem rua do Ouvidor, nem Petalógica! Solidão e mais nada. Mas, viva o amor! Um dia concebi o projeto de me safar e aqui estou. Sou agora a borboleta, deixei a crisálida, e aqui me vou em busca de vergéis. (*tenta um novo beijo*)

ROSINHA (*fugindo*) – Não teme queimar as asas?

DURVAL – Em que fogo? Ah! Nos olhos de Sofia! Está mudada também?

ROSINHA – Sou suspeita. Com seus próprios olhos o verá.

DURVAL – Era elegante e bela há bons dois anos. Sê-lo-á ainda? Não será? Dilema de Hamleto. E como gostava de flores! Lembras-te? Aceitava-mas sempre não sei se por mim, se pelas flores; mas é de crer que fosse por mim.

ROSINHA – Ela gostava tanto de flores!

DURVAL – Obrigado. Dize-me cá. Por que diabo sendo uma criada, tiveste sempre tanto espírito e mesmo...

ROSINHA – Não sabe? Eu lhe digo. Em Lisboa, donde viemos para aqui, fomos condiscípulas: estudamos no mesmo colégio, e comemos à mesma mesa. Mas, coisas do mundo!... Ela tornou-se ama e eu criada! É verdade que me trata com distinção, e conversamos às vezes em altas coisas.

DURVAL – Ah! é isso? Foram condiscípulas. (*levanta-se*) E conversam agora em altas coisas!... Pois eis-me aqui para conversar também; faremos um trio admirável.

ROSINHA – Vou participar-lhe a sua chegada.

DURVAL – Sim, vai, vai. Mas olha cá, uma palavra.

ROSINHA – Uma só, entende?

DURVAL – Dás-me um beijo?

ROSINHA – Bem vê que são três palavras. (*entra à direita*)

Cena II

DURVAL e BENTO

DURVAL – Bravo! a pequena não é tola... tem mesmo muito espírito! Eu gosto dela, gosto! Mas é preciso dar-me ao respeito. (*vai ao fundo e chama*) Bento! (*descendo*) Ora depois de dois anos como virei encontrar isto? Sofia terá por mim a mesma queda? É isso o que vou sondar. É provável que nada perdesse dos antigos sentimentos. Oh! decerto! Vou começar por levá-la ao baile mascarado; há de aceitar, não pode deixar de aceitar! Então, Bento! mariola?

BENTO (*entrando com um jornal*) – Pronto.

DURVAL – Ainda agora! Tens um péssimo defeito para boleeiro, é não ouvir.

BENTO – Eu estava embebido com a interessante leitura do *Jornal do Comércio*: ei-lo. Muito mudadas estão estas coisas por aqui! Não faz uma ideia! E a política? Esperam-se coisas terríveis do parlamento.

DURVAL – Não me masses, mariola! Vai abaixo ao carro e traz uma caixa de papelão que lá está... Anda!

BENTO – Sim, senhor; mas admira-me que V. S. não preste atenção ao estado das coisas.

DURVAL – Mas que tens tu com isso, tratante?

BENTO – Eu nada; mas creio que...

DURVAL – Salta lá para o carro, e traz a caixa depressa!

Cena III

DURVAL e ROSINHA

DURVAL – Pedaço d'asno! Sempre a ler jornais; sempre a tagarelar sobre aquilo que menos lhe deve importar! (*vendo Rosinha*) Ah!... és tu? Então ela... (*levanta-se*)

ROSINHA – Está na outra sala à sua espera.

DURVAL – Bem, aí vou. (*vai entrar e volta*) Ah! recebe a caixa de papelão que trouxer meu boleeiro.

ROSINHA – Sim, senhor.

DURVAL – Com cuidado, meu colibri!

ROSINHA – Galante nome! Não será em seu coração que farei o meu ninho.

DURVAL (*à parte*) – Ah! é bem engraçada a rapariga! (*vai-se*)

Cena IV

ROSINHA, *depois* BENTO

ROSINHA – Muito bem, Sr. Durval. Então voltou ainda? É a hora de minha vingança. Há dois anos, tola como eu era, quiseste seduzir-me, perder-me, como a muitas outras! E como? mandando-me dinheiro... dinheiro! – Media as infâmias pela posição. Assentava de... Oh! mas deixa estar! Vais pagar tudo... Gosto de ver essa gente que não enxerga sentimento nas pessoas de condição baixa... como se quem traz um avental, não pode também calçar uma luva!

BENTO (*traz uma caixa de papelão*) – Aqui está a caixa em questão... (*põe a caixa sobre uma cadeira*) Ora, viva! Esta caixa é de meu amo.

ROSINHA – Deixe-a ficar.

BENTO (*tirando o jornal do bolso*) – Fica entregue, não? Ora bem! Vou continuar a minha interessante leitura... Estou na gazetilha – Estou pasmado de ver como vão as coisas por aqui! – Vão a pior. Esta folha põe-me ao fato de grandes novidades.

ROSINHA (*sentando-se de costas para ele*) – Muito velhas para mim.

BENTO (*com desdém*) – Muito velhas? Concedo. Cá para mim têm toda a frescura da véspera.

ROSINHA (*consigo*) – Quererá ficar?

BENTO (*sentando-se do outro lado*) – Ainda uma vista d'olhos! (*abre o jornal*)

ROSINHA – E então não se assentou?

BENTO (*lendo*) – Ainda um caso: "Ontem à noite desapareceu uma nédia e numerosa criação de aves domésticas. Não se pôde descobrir os ladrões, porque, desgraçadamente havia uma patrulha a dois passos dali."

ROSINHA (*levantando-se*) – Ora, que aborrecimento!

BENTO (*continuando*) – "Não é o primeiro caso que se dá nesta casa da rua dos Inválidos." (*consigo*) Como vai isto, meu Deus!

ROSINHA (*abrindo a caixa*): – Que belo dominó!

BENTO (*indo a ela*) – Não mexa! Creio que é para ir ao baile mascarado hoje...

ROSINHA – Ah!... (*silêncio*) Um baile... hei de ir também!

BENTO – Aonde? Ao baile? Ora esta!

ROSINHA – E por que não?

BENTO – Pode ser; contudo, quer vás, quer não vás, deixa-me ir acabar a minha leitura naquela sala de espera.

ROSINHA – Não... tenho uma coisa a tratar contigo.

BENTO (*lisonjeado*) – Comigo, minha bela!

ROSINHA – Queres servir-me em uma coisa?

BENTO (*severo*) – Eu cá só sirvo ao Sr. Durval, e é na boleia!

ROSINHA – Pois hás de me servir. Não és então um rapaz como os outros boleeiros, amável e serviçal...

BENTO – Vá feito... não deixo de ser amável; é mesmo o meu capítulo de predileção.

ROSINHA – Pois escuta. Vais fazer um papel, um bonito papel.

BENTO – Não entendo desse fabrico. Se quiser algumas lições sobre a maneira de dar uma volta, sobre o governo das rédeas em um trote largo, ou coisa cá do meu ofício, pronto me encontra.

ROSINHA (*que tem ido buscar o ramalhete no jarro*) – Olha cá: sabes o que é isto?

BENTO – São flores.

ROSINHA – É o ramalhete diário de um fidalgo espanhol que viaja incógnito.

BENTO – Ah! (*toma o ramalhete*)

ROSINHA (*indo a uma gaveta buscar um papel*) – O Sr. Durval conhece a tua letra?

BENTO – Conhece apenas uma. Eu tenho diversos modos de escrever.

ROSINHA – Pois bem; copia isto. (*dá-lhe o papel*) Com letra que ele não conheça.

BENTO – Mas o que é isto?

ROSINHA – Ora, que te importa? És uma simples máquina. Sabes tu o que vais fazer quando teu amo te indica uma direção ao carro? Estamos aqui no mesmo caso.

BENTO – Fala como um livro! Aqui vai. (*escreve*)

ROSINHA – Que amontoado de garatujas!...

BENTO – Cheira a diplomata. Devo assinar?

ROSINHA – Que se não entenda.

BENTO – Como um perfeito fidalgo. (*escreve*)

ROSINHA – Subscritada para mim. À Sra. Rosinha. (*Bento escreve*) Põe agora este bilhete nesse e leva. Voltarás a propósito. Tens também muitas vozes?

BENTO – Vario de fala, como de letra.

ROSINHA – Imitarás o sotaque espanhol?

BENTO – Como quem bebe um copo d'água!

ROSINHA – Silêncio! Ali está o Sr. Durval.

Cena V

DURVAL (*a Bento*) – Trouxeste a caixa, palerma?

BENTO (*escondendo atrás das costas o ramalhete*) – Sim, senhor.

DURVAL – Traz a carruagem para o portão.

BENTO – Sim senhor. (*Durval vai vestir o sobretudo, mirando-se ao espelho*) O jornal? onde pus eu o jornal? (*sentindo-no no bolso*) Ah!...

ROSINHA (*baixo a Bento*) – Não passes na sala de espera. (*Bento sai*)

Cena VI
DURVAL, ROSINHA

DURVAL – Adeus, Rosinha, é preciso que eu me retire.

ROSINHA (*à parte*) – Pois não!

DURVAL – Dá essa caixa a tua ama.

ROSINHA – Vai sempre ao baile com ela?

DURVAL – Ao baile? Então abriste a caixa?

ROSINHA – Não vale a pena falar nisso. Já sei, já sei que foi recebido de braços abertos.

DURVAL – Exatamente. Era a ovelha que voltava ao aprisco depois de dois anos de apartamento.

ROSINHA – Já vê que andar longe não é mau. A volta é sempre um triunfo. Use, abuse mesmo da receita. Mas então sempre vai ao baile?

DURVAL – Nada sei de positivo. As mulheres são como os logogrifos. O espírito se perde no meio daquelas combinações...

ROSINHA – Fastidiosas, seja franco.

DURVAL – É um aleive: não é esse o meu pensamento. Contudo devo, parece-me dever crer, que ela irá. Como me alegra, e me entusiasma esta preferência que me dá a bela Sofia!

ROSINHA – Preferência? Há engano: preferir supõe escolha, supõe concorrência...

DURVAL – E então?

ROSINHA – E então, se ela vai ao baile é unicamente pelos seus bonitos olhos, se não fora V. S., ela não ia.

DURVAL – Como é isso?

ROSINHA (*indo ao espelho*) – Mire-se neste espelho.

DURVAL – Aqui me tens.

ROSINHA – O que vê nele?

DURVAL – Boa pergunta! Vejo-me a mim próprio.

ROSINHA – Pois bem. Está vendo toda a corte da Sra. Sofia, todos os seus adoradores.

DURVAL – Todos! Não é possível. Há dois anos a bela senhora era a flor bafejada por uma legião de zéfiros... Não é possível.

ROSINHA – Parece-me criança! Algum dia os zéfiros foram estacionários? Os zéfiros passam e mais nada. É o símbolo do amor moderno.

DURVAL – E a flor fica no hastil. Mas as flores duram uma manhã apenas. (*severo*) Quererás tu dizer que Sofia passou a manhã das flores?

ROSINHA – Ora, isso é loucura. Eu disse isto?

DURVAL (*pondo a bengala junto ao piano*) – Parece-me entretanto...

ROSINHA – V. S. tem uma natureza de sensitiva; por outra, toma os recados na escada. Acredite ou não, o que lhe digo é a pura verdade. Não vá pensar que o afirmo assim para conservá-lo junto de mim: estimara mais o contrário.

DURVAL (*sentando-se*) – Talvez queiras fazer crer que Sofia é alguma fruta passada, ou joia esquecida no fundo da gaveta por não estar em moda. Estais enganada. Acabo de vê-la; acho-lhe ainda o mesmo rosto: vinte e oito anos, apenas.

ROSINHA – Acredito.

DURVAL – É ainda a mesma: deliciosa.

ROSINHA – Não sei se ela lhe esconde algum segredo.

DURVAL – Nenhum.

ROSINHA – Pois esconde. Ainda lhe não mostrou a certidão de batismo. (*vai sentar-se ao lado oposto*)

DURVAL – Rosinha! E depois, que me importa? Ela é ainda aquele querubim do passado. Tem uma cintura... que cintura!

ROSINHA – É verdade. Os meus dedos que o digam!

DURVAL – Hein? E o corado daquelas faces, o alvo daquele colo, o preto daquelas sobrancelhas?

ROSINHA (*levantando-se*) – Ilusão! Tudo isso é tabuleta do Desmarais; aquela cabeça passa pelas minhas mãos. É uma beleza de pó de arroz: mais nada.

DURVAL (*levantando-se bruscamente*) – Oh! essa agora!

ROSINHA (*à parte*) – A pobre senhora está morta!

DURVAL – Mas, que diabo! Não é um caso de me lastimar; não tenho razão disso. O tempo corre para todos, e portanto a mesma onda nos levou a ambos folhagens da mocidade. E depois eu amo aquela engraçada mulher!

ROSINHA – Reciprocidade; ela também o ama.

DURVAL (*com um grande prazer*) – Ah!

ROSINHA – Duas vezes chegou à estação do campo para tomar o *wagon*, mas duas vezes voltou para casa. Temia algum desastre da maldita estrada de ferro!

DURVAL – Que amor! Só recuou diante da estrada de ferro!

ROSINHA – Eu tenho um livro de notas, donde talvez lhe possa tirar provas do amor da Sra. Sofia. É uma lista cronológica e alfabética dos colibris que por aqui têm esvoaçado.

DURVAL – Abre lá isso então!

ROSINHA (*folheando um livro*) – Vou procurar.

DURVAL – Tem aí todas as letras?

ROSINHA – Todas. É pouco agradável para V. S.; mas tem todas desde A até o Z.

DURVAL – Desejara saber quem foi a letra K.

ROSINHA – É fácil; algum alemão.

DURVAL – Ah! Ela também cultiva os alemães?

ROSINHA – Durval é a letra D. – Ah! Ei-lo: (*lendo*) "Durval, quarenta e oito anos de idade..."

DURVAL – Engano! Não tenho mais de quarenta e seis.

ROSINHA – Mas esta nota foi escrita há dois anos.

DURVAL – Razão demais. Se tenho hoje quarenta e seis, há dois tinha quarenta e quatro... é claro!

ROSINHA – Nada. Há dois anos devia ter cinquenta.

DURVAL – Esta mulher é um logogrifo!

ROSINHA – V. S. chegou a um período em sua vida em que a mocidade começa a voltar; em cada ano, são doze meses de verdura que voltam como andorinhas na primavera.

DURVAL – Já me cheirava a epigrama. Mas vamos adiante com isso.

ROSINHA (*fechando o livro*) – Bom! Já sei onde estão as provas. (*vai a uma gaveta e tira dela uma carta*) Ouça: – "Querida Amélia...

DURVAL – Que é isso?

ROSINHA – Uma carta da ama a uma sua amiga. "Querida Amélia: o Sr. Durval é um homem interessante, rico, amável, manso como um cordeiro, e submisso como o meu Cupido..." (*a Durval*) Cupido é um cão d'água que ela tem.

DURVAL – A comparação é grotesca na forma, mas exata no fundo. Continua, rapariga.

ROSINHA (*lendo*) – "Acho-lhe contudo alguns defeitos...

DURVAL – Defeitos?

ROSINHA – "Certas maneiras, certos ridículos, pouco espírito, muito falatório, mas afinal um marido com todas as virtudes necessárias...

DURVAL – É demais!

ROSINHA – "Quando eu conseguir isso, peço-te que venhas vê-lo como um urso na chácara do Souto...

DURVAL – Um urso!

ROSINHA (*lendo*) – Esquecia-me de dizer-te que o Sr. Durval usa de cabeleira." (*fecha a carta*)

DURVAL – Cabeleira! É uma calúnia! Uma calúnia atroz! (*levando a mão ao meio da cabeça, que está calva*) Se eu usasse de cabeleira...

ROSINHA – Tinha cabelos, é claro.

DURVAL (*passeando com agitação*) – Cabeleira! E depois fazer-me seu urso como um marido na chácara do Souto.

ROSINHA (*às gargalhadas*) – Ah! ah! ah! (*vai-se pelo fundo*)

Cena VII

DURVAL (*passeando*) – É demais! E então quem fala! uma mulher que tem umas faces... Oh! é o cúmulo da impudência! É aquela mulher furta-cor, aquele arco-íris que tem a liberdade de zombar de mim!... (*procurando*) Rosinha! Ah! foi-se embora... (*sentando-se*) Oh! Se eu me tivesse conservado na roça, ao menos lá não teria destas apoquentações!... Aqui na cidade, o prazer é misturado com zangas de acabrunhar o espírito mais superior! Nada! (*levanta-se*) Decididamente volto para lá... Entretanto, cheguei há pouco... Não sei se deva ir; seria dar cavaco com aquela mulher; e eu... Que fazer? Não sei, deveras!

Cena VIII

DURVAL e BENTO (*de paletó, chapéu de palha, sem botas*)

BENTO (*mudando a voz*) – Para a Sra. Rosinha. (*põe o ramalhete sobre a mesa*)

DURVAL – Está entregue.

BENTO (*à parte*) – Não me conhece! Ainda bem.

DURVAL – Está entregue.

BENTO – Sim, senhor! (*sai pelo fundo*)

Hoje avental, amanhã luva

Cena IX

DURVAL (*só, indo buscar o ramalhete*) – Ah! ah! flores! A Sra. Rosinha tem quem lhe mande flores! Algum boleeiro estúpido. Estas mulheres são de um gosto esquisito às vezes! – Mas como isto cheira! Dir-se-ia um presente de fidalgo! (*vendo a cartinha*) Oh! que é isto? Um bilhete de amores! E como cheira! Não conheço esta letra; o talho é rasgado e firme, como de quem desdenha. (*levando a cartinha ao nariz*) Essência de violeta, creio eu. É uma planta obscura, que também tem os seus satélites. Todos os têm. Esta cartinha é um belo assunto para uma dissertação filosófica e social. Com efeito – quem diria que esta moça, colocada tão baixo, teria bilhetes perfumados!... (*leva ao nariz*) Decididamente é essência de magnólias!

Cena X

ROSINHA (*no fundo*), DURVAL (*no proscênio*)

ROSINHA (*consigo*): – Muito bem! Lá foi ela visitar a sua amiga no Botafogo. Estou completamente livre. (*desce*)

DURVAL (*escondendo a carta*) – Ah! és tu? Quem te manda destes presentes?

ROSINHA – Mais um. Dê-me a carta.

DURVAL – A carta? É boa! é coisa que não vi.

ROSINHA – Ora não brinque! Devia trazer uma carta. Não vê que um ramalhete de flores é um estafeta mais seguro do que o correio da corte!

DURVAL (*dando-lhe a carta*) – Aqui a tens; não é possível mentir.

ROSINHA – Então! (*lê o bilhete*)

DURVAL – Quem é o feliz mortal?

ROSINHA – Curioso!

DURVAL – É moço ainda?

ROSINHA – Diga-me: É muito longe daqui a sua roça?

DURVAL – É rico, é bonito?

ROSINHA – Dista muito da última estação?

DURVAL – Não me ouves, Rosinha?

ROSINHA – Se o ouço! É curioso, e vou satisfazer-lhe a curiosidade. É rico, é moço e é bonito. Está satisfeito?

DURVAL – Deveras! E chama-se?...

ROSINHA – Chama-se... Ora eu não me estou confessando!

DURVAL – És encantadora!

ROSINHA – Isso é velho. É o que me dizem os homens e os espelhos. Nem uns nem outros mentem.

DURVAL – Sempre graciosa!

ROSINHA – Se eu o acreditar, arrisca-se a perder a liberdade... tomando uma capa...

DURVAL – De marido, queres dizer (*à parte*) ou de um urso! (*alto*) Não tenho medo disso. Bem vês a alta posição... e depois eu prefiro apreciar-te as qualidades de fora. Talvez leve a minha amabilidade a fazer-te uma madrigal.

ROSINHA – Ora essa!

DURVAL – Mas, fora com tanto tagarelar! Olha cá! Eu estou disposto a perdoar aquela carta; Sofia vem sempre ao baile?

ROSINHA – Tanto como o imperador dos turcos... Recusa.

DURVAL – Recusa! É o cúmulo da... E por que recusa?

ROSINHA – Eu sei lá! Talvez um nervoso; não sei!

DURVAL – Recusa! Não faz mal... Não quer vir, tanto melhor! Tudo está acabado, Sra. Sofia de Melo! Nem uma atenção ao menos comigo, que vim da roça por sua causa unicamente! Recebe-me com agrado, e depois faz-me destas!

ROSINHA – Boa noite, Sr. Durval.

DURVAL – Não te vás assim; conversemos ainda um pedaço.

ROSINHA – Às onze horas e meia... interessante conversa!

DURVAL (*sentando-se*) – Ora que tem isso? Não são as horas que fazem a conversa interessante, mas os interlocutores.

ROSINHA – Ora tenha a bondade de não dirigir cumprimentos.

DURVAL (*pegando-lhe na mão*) – Mal sabes que tens as mãos, como as de uma patrícia romana; parecem calçadas de luva, se é que uma luva pode ter estas veias azuis como rajadas de mármore.

ROSINHA (*à parte*) – Ah! hein!

DURVAL – E esses olhos de Helena!

ROSINHA – Ora!

DURVAL – E estes braços de Cleópatra!

ROSINHA (à parte) – Bonito!

DURVAL – Apre! Queres que esgote a história?

ROSINHA – Oh! não!

DURVAL – Então por que se recolhe tão cedo a estrela d'alva?

ROSINHA – Não tenho outra coisa a fazer diante do sol.

DURVAL – Ainda um cumprimento! (vai à caixa de papelão) Olha cá. Sabes o que há aqui? Um dominó.

ROSINHA (aproximando-se) – Cor-de-rosa! Ora vista, há de ficar-lhe bem.

DURVAL – Dizia um célebre grego: dê-me pancadas, mas ouça-me! – Parodio aquele dito: Ri, graceja, como quiseres, mas hás de escutar-me: (desdobrando o dominó) não achas bonito?

ROSINHA (aproximando-se) – Oh! decerto!

DURVAL – Parece que foi feito para ti!... É da mesma altura. E como te há de ficar! Ora, experimenta!

ROSINHA – Obrigado.

DURVAL – Ora vamos! experimenta; não custa.

ROSINHA – Vá feito se é só para experimentar.

DURVAL (vestindo-lhe o dominó) – Primeira manga.

ROSINHA – E segunda! (veste-o de todo)

DURVAL – Delicioso. Mira-te naquele espelho. (Rosinha obedece) Então!

ROSINHA (passeando) – Fica-me bem?

DURVAL (seguindo-a) – A matar! a matar! (à parte) A minha vingança começa, Sra. Sofia de Melo! (a Rosinha) Estás esplêndida! Deixa dar-te um beijo?

ROSINHA – Tenha mão.

DURVAL – Isso agora é que não tem graça!

ROSINHA – Em que oceano de fitas e de sedas estou mergulhada! (dá meia-noite) Meia-noite!

DURVAL – Meia-noite!

ROSINHA – Vou tirar o dominó... é pena!

DURVAL – Qual tirá-lo! fica com ele. (*pega no chapéu e nas luvas*)

ROSINHA – Não é possível.

DURVAL – Vamos ao baile mascarado.

ROSINHA (*à parte*) – Enfim. (*alto*) Infelizmente não posso.

DURVAL – Não pode? e então por quê?

ROSINHA – É segredo.

DURVAL – Recusas? Não sabes o que é um baile. Vais ficar extasiada. É um mundo fantástico, ébrio, movediço, que corre, que salta, que ri, em um turbilhão de harmonias extravagantes!

ROSINHA – Não posso ir. (*batem à porta*) (*à parte*) É Bento.

DURVAL – Quem será?

ROSINHA – Não sei. (*indo ao fundo*) Quem bate?

BENTO (*fora com a voz contrafeita*) – O hidalgo Don Alonso da Sylveira y Zorrilla y Gudines y Guatinara y Marouflas de la Vega!

DURVAL (*assustado*) – É um batalhão que temos à porta! A Espanha muda-se para cá?

ROSINHA – Caluda! Não sabe quem está ali? É um fidalgo da primeira nobreza de Espanha. Fala à rainha de chapéu na cabeça.

DURVAL – E que quer ele?

ROSINHA – A resposta daquele ramalhete.

DURVAL (*dando um pulo*) – Ah! foi ele...

ROSINHA – Silêncio!

BENTO (*fora*) – É meia-noite. O baile vai começar.

ROSINHA – Espere um momento.

DURVAL – Que espere! Mando-o embora. (*à parte*) É um fidalgo!

ROSINHA – Mandá-lo embora? Pelo contrário; vou mudar de dominó e partir com ele.

DURVAL – Não, não; não faças isso!

BENTO (*fora*) – É meia-noite e cinco minutos. Abre a porta a quem deve ser teu marido.

DURVAL – Teu marido!

ROSINHA – E então!

BENTO – Abre! abre!

DURVAL – É demais! Estás com o meu dominó... hás de ir comigo ao baile!

ROSINHA – Não é possível; não se trata a um fidalgo espanhol como a um cão. Devo ir com ele.

DURVAL – Não quero que vás.

ROSINHA – Hei de ir. (*dispõe-se a tirar o dominó*) Tome lá...

DURVAL (*impedindo-a*) – Rosinha, ele é um espanhol, e além de espanhol, fidalgo. Repara que é uma dupla cruz com que tens de carregar.

ROSINHA – Qual cruz! E não se casa ele comigo?

DURVAL – Não caias nessa!

BENTO (*fora*) – Meia-noite e dez minutos! então vem ou não vem?

ROSINHA – Lá vou. (*a Durval*) Vê como se impacienta! Tudo aquilo é amor!

DURVAL (*com explosão*) – Amor! E se eu te desse em troca daquele amor castelhano, um amor brasileiro ardente e apaixonado? Sim, eu te amo, Rosinha; deixa esse espanhol tresloucado!

ROSINHA – Sr. Durval!

DURVAL – Então, decide!

ROSINHA – Não grite! Aquilo é mais forte do que um tigre de Bengala.

DURVAL – Deixa-o; eu matei as onças do Maranhão e já estou acostumado com esses animais. Então? vamos! eis-me a teus pés, ofereço-te a minha mão e a minha fortuna!

ROSINHA (*à parte*) – Ah... (*alto*) Mas o fidalgo?

BENTO (*fora*) – É meia-noite e doze minutos!

DURVAL – Manda-o embora, ou senão, espera. (*levanta-se*) Vou matá-lo; é o meio mais pronto.

ROSINHA – Não, não; evitemos a morte. Para não ver correr sangue, aceito a sua proposta.

DURVAL (*com regozijo*) – Venci o castelhano! É um magnífico triunfo! Vem, minha bela; o baile nos espera!

ROSINHA – Vamos. Mas repare na enormidade do sacrifício.

DURVAL – Serás compensada, Rosinha. Que linda peça de entrada! (*à parte*) São dois os enganados – o fidalgo e Sofia (*alto*) Ah! ah! ah!

ROSINHA (*rindo também*) – Ah! ah! ah! (*à parte*) Eis-me vingada!

DURVAL – Silêncio! (*vão pé ante pé pela porta da esquerda. Sai Rosinha primeiro, e Durval, da soleira da porta para a porta do fundo, a rir às gargalhadas*)

Cena última

BENTO (*abrindo a porta do fundo*) – Ninguém mais! Desempenhei o meu papel – estou contente! Aquela subiu um degrau na sociedade. Deverei ficar assim? Alguma baronesa não me desdenharia decerto. Virei mais tarde. Por enquanto, vou abrir a portinhola. (*vai a sair e cai o pano*)

FIM DE "HOJE AVENTAL, AMANHÃ LUVA"